序章　アホノミクスから〝スカノミクス〟へ

1

「すがすがしい」の意味が変わってしまった

❖「菅っぽい」とはどういうことか

困った。「すがすがしい」という言葉を使えなくなった。この言葉の本来の意味を辞書で確認すれば、「心地よくさわやかだ」である。だが、菅内閣が発足してしまった今、「すがすがしい」と言えば、どうしても「菅っぽい」とか「菅的だ」という語感になってしまう。心地悪くて、まるでさわやかさに欠ける。

菅っぽいとは、どういうことか。菅的であることは、いかなる意味で心地悪く、さわやかさに欠けるのか。これらのことについて改めて思いを巡らせていたら、毎日新聞の

〃スカノミクス〃に蝕《むしば》まれる日本経済

浜　矩子

青春新書
INTELLIGENCE

我が愛読欄、「仲畑流万能川柳」（通称「万柳」）の中に次の句を発見。

「統治する意識強すぎ菅総理」（2021年1月20日付、柳名：百道浜怨蚊氏）

素晴らしい。菅っぽさの本質を実にずばりと言い当てている。菅首相はニッコロ・マキャベリの信奉者だ。マキャベリは、ルネッサンス期の政治思想家だ。16世紀のフィレンツェ共和国で外交官を務めた。

マキャベリと言えば、権謀術数の代名詞男だ。彼の論理は力の論理だ。マキャベリの代表的著作『君主論』は、力の論理に満ち溢《あふ》れている。君主たる者、いかにして権力を奪取し、権力を保持するか。敵をいかに効果的に撃破するか。いかにすれば、彼らから逆襲の余地をとことん奪い去れるか。

いかにして、民衆を知らしむることなく、依らしむか。数々の悪知恵が事細かく精緻に開陳されている。

どうすれば、統治を絶対化し、その基盤を揺《ゆる》ぎ無きものにできるか。それを徹底追求したのが、マキャベリだった。そのマキャベリについて、菅首相は自著『政治家の覚悟―官僚を動かせ』の中で、「マキャベリの言葉を胸に歩んでいく」と書いている。大変な傾倒ぶりだ。柳名・百道浜怨蚊氏が鋭く見抜いた「統治する意識強すぎ」の人が、マキャベリにあこがれているというのは、実に納得がいく。実際に、愛読書を聞かれれば菅氏は『君主論』を挙げてもいる。

もっとも、これは首相就任間もない段階でのことだ。その後は、どうも自分のマキャベリ信仰を隠蔽《いんぺい》することにした節がある。愛読書も、『三国志』や『豊臣秀長 ある補佐役の生涯』、あるいは、アメリカの元国務長官、コリン・パウエル著の『リーダーを目指す人の心得』などを挙げるようになっている。古典に戦国もの。海外の大物政治家の話題の最近著。いかにも、バランスのいいラインアップを整えようとした感じが濃厚だ。誰かにコーディネートを頼んだような雰囲気も漂う。

これは、ひょっとすると筆者のせいかもしれない。筆者が、諸誌の連載コラムなどで盛んに菅氏のマキャベリ愛に言及したので、怯《ひる》んだのかもしれない。自分の絶対統治志向に、あまり世間の目が集まってはまずい。そう考えて、愛読書から『君主論』を取り下げた。そうだとしたら、なかなか、楽しい。少しばかり、しっぽをつかんだ感がある。

❖権力掌握が自己目的化している

「統治する意識強すぎ菅総理」と同日の「万柳」欄をさらにみていくと、何と、もう一つの秀逸句に出会った。

「権力は快感ですか菅総理」
(柳名:純情乙女氏)

菅っぽさのエッセンスを、何とも絶妙な切れ味でとらえた問いかけだ。

詳しくは本論で取り上げたいが、安倍前首相には、権力を掌握することで達成しようとしていた狙いがあった。それは、21世紀版の大日本帝国づくりであった。だが、菅現首相においては、**どうも権力掌握そのこと自体が自己目的化している観がある。**手に入れた権力で何かを達成する。何かを成し遂げたいから権力掌握を目指す。こうした志向性は、どうも、菅っぽくないように思う。

この辺りにおいて、菅っぽさはやっぱりマキャベリっぽさに通じる。マキャベリ先生の『君主論』には、権力をなぜ掌握しなければならないかということについては、ほとんど言及がない。『君主論』は、ひたすら、いかにして権力を手に入れ、それをいかにして揺ぎ無きものとするかに関するマニュアルなのである。

表向きはともかく、菅首相はいまなお、このマニュアルを密かに胸に掻《か》き抱き続けているに違いない。だからこそ、鋭利な感受性を持つ川柳家が「権力は快感ですか菅総理」と、問いかけたくなるのである。

2　打倒「スカノミクス」

❖アホからスカへ

反骨と諧謔《かいぎゃく》の魂みなぎる川柳家たちの珠玉の言葉に勇気を得て、本書の旅に出ようとしている。出発後は、菅政権の経済政策を基本的に「スカノミクス」と呼ぶことにしたい。これは、「スガノミクス」の誤植ではない。あくまでも「スカノミクス」だ。

「すがすがしい」について辞書を引いたから、「スカ」についても辞書を引けば、「①あてがはずれること。でたらめ。②くじなどのはずれ」とある。そもそも、筆者はスカノミクスの親爺《おやじ》さんの何をもあてにしていなかったから、「あてがはずれること」は当たらない。だが、ひたすら統治と権力を絶対化するために繰り出されてくるあの手この手は、まさにでたらめ感満載だ。こんな大はずれのくじを押しつけられてしまった国民は、たまったものではない。「スカノミクス」は妥当なネーミングだと判断していいだろう。

筆者は、安倍政権の「アベノミクス」を「アホノミクス」と命名し直して、ひたすらその打倒に力を入れてきた。安倍氏が辞任したことで、打倒「アホノミクス」は的がなくなった。拍子抜けして、筆者は自分が体調を崩すのではないかと懸念した。「アホロス」の喪失感で床に臥《ふ》すことにならないか。そのように心配した。

だが、幸いにして、これは杞憂《きゆう》に終わった。アベ首相の「アホノミクス」に代わって、スガ首相の「スカノミクス」が登場してくれたおかげで、また気合も新たに勧善懲悪の旅に出ることができる。

❖スガ抜きでもスカノミクスからは目が離せない

ただ、ここで若干気掛かりなことが一つある。ここでもまた、「万柳」欄が我が思いを的確に表現してくれている。やはり前二句と同日、次の句も選ばれていた。

「支持率はガーと上がってスーと落ち」　（柳名：マー坊氏）

たしかに、新型コロナウイルス対策のいい加減さやアホノミクスの大将の「桜を見る会前夜祭」に関する不正会計疑惑への加担の疑い、菅氏の長男が勤める放送事業者「東北新社」による総務省官僚への接待疑惑などで、6割台で発信した菅政権への支持率は、目下、急降下中である。

このままでいくと、スカノミクス親爺の首相生命はとっても短いものに終わってしまうのではないか。自民党内で「菅降ろし」が画策され始めている。そんな憶測・風評も聞こえてくる。ひょっとすると、本書の刊行を待たずしてスカノミクスの親爺さんは政治の舞台中央から立ち去ることを余儀なくされてしまうのではないか。この心配が筆者の脳内を去来する。

だが、何と、ここでも「万柳」欄が示唆を与え、光明を差し込んでくれた。すなわち、

「原稿と二階交互に見る総理」

（2月2日付、柳名：佐太坊氏）

そうなのである。菅氏の首相就任以来の展開の中で、この構図が実に鮮明にみえてきた。スカノミクス親爺の背後には、二階俊博自民党幹事長の影がある。いや、影があるどころではない。どうかすれば、むしろ、スカノミクス親爺をスルーして、背後の二階氏が透けてみえている感じだ。存在感抜群の背後霊。それが菅首相にとっての二階氏だ。多分に、そのようにみえる。

二階氏と言えば、今日の自民党の中で絶対王者的な位置づけにある。今日の自民党に巣食う最も黒々しいものの中核部分に、この人がいる。張り巡らされた黒い蜘蛛《くも》の巣の中心にわだかまる真っ黒な蜘蛛。それが二階氏のイメージだ。その人を背後霊として背負うスカノミクス親爺。その生態を追うことは、おのずと、今の日本の政治と政策と経済運営の問題性の核心部分に迫ることに通じる。

このように考えれば、本書の賞味期限について気を揉《も》むことはない。ただ、いずれにしても、旅路を急ぐに越したことはない。またまた、お付き合いいただければ誠に幸いで、心強い。どうぞよろしくお願いいたします！

目次

第2章 スカノミクスの構造を解析する

第3章 スカノミクスの「ショッピングリスト」を点検する

第1章

奸《かん》佞《ねい》首相の本性を見極める

1 「本当のあなた」はどんな人？

❖「見た目仮面」をどう剝《は》ぐか

スカノミクス親爺の映像がテレビ画面に登場する度に、我が母が吐き捨てるように言い放つ言葉がある。彼の官房長官時代からそうだった。その言葉は「奸佞」である。「奸佞」という言葉は、「心がねじけていて悪賢いこと」を意味する。

本多正純《まさずみ》という歴史上の人物がいる。徳川家康の側近だった。この人のことを、司馬遼太郎が小説『城塞』の中で、「奸佞を絵に画いたような男」と表現している。これも母からの受け売りだ。

スカノミクス親爺が、ニッコロ・マキャベリを師と仰いでいることは、「序章」でみた通りだ。

思えば、本多正純は日本のマキャベリだと言えそうである。主君、徳川家康のために権力保持の方策を次から次へと考案し、実現して行く。主君を出し抜こうとしたり、その行く手を阻もうとしたりする者たちを徹底排除するために、巧みな工作や裏技を矢継ぎ早に用意する。折に触れて、主君に「君主論」を伝授する。その権謀術数力には、もしかすると、マキャベリ先生も兜《かぶと》を脱いだかもしれない。

そんな本多正純にスカノミクス親爺のイメージを重ねて、「奸佞」と言い放つ。母のこの感性はなかなかのものだ。かくして、スカノミクス親爺には、さらにもう一つのお名前をプレゼントしようと思う。

「奸佞首相」である。これら二つのネーミングを適宜使い分けつつ、この人の本性を探っていく。それが本章の課題である。

奸佞首相が敬愛するマキャベリは、次のように言っている。

「誰もがあなたを見た目で判断する。本当のあなたを体感する者は少ない」

（『君主論』より。翻訳筆者、以下同様）

権謀術数が功を奏するためには、見場が肝心だというわけだ。奸佞首相は奸佞に見えてはいけない。策謀家としての「本当のあなた」を体感されてしまわないように、見た目を整えなければならない。

奸佞首相は、２０２０年９月の自民党総裁選への立候補を決意した時点から、このマキャベリ先生の教えにせっせと従い始めた。今にして思えば、その色彩が濃厚だ。自分は秋田の寒村の苺《いちご》農家で育ちました。地味なたたき上げ男でございます。世襲議員でもございません。高卒で「家出同然」の上京を果たしました。町工場で働きました。二年遅れで「学費が安かった」法政大学に進学しました。学費捻出のために色んなアルバイトをしました。甘い物に目が無くて、パンケーキが大好物です。新元号のパネルを掲げて「令和おじさん」になれたのは嬉しかったなぁ。

こんな感じで庶民派の苦労人イメージをどんどん盛り込んできた。ともかく、**親しみやすさを人々の脳内にしっかり刷り込まなければ。その思い込みが前のめりになり過ぎて、「ガースー」では完全に墓穴を掘った。**このセンスの悪さはマキャベリ先生の叱責を買うだろう。だが、師の教えに忠実たらんとする熱意には高評価を得られそうである。

それだけに、我々は心して奸佞首相の本性探しを進めていかなければならない。その意味で、マキャベリ先生の「**誰もがあなたを見た目で判断する。本当のあなたを体感する者は少ない**」というお言葉は、我々に対して投げかけられたものでもある。そう受け止めるべきだろう。「見た目仮面」の向こう側に潜んでいる「本当のあなた」を鋭く透視していかなければならない。

❖目は口ほどにものを言う

さて、そこでどうするか。全力をあげて「見た目仮面」の完成度を高めようとしている人の顔から、その仮面を剝ぎ取ることは容易ではない。何をてこにして、素顔と仮面の境目をこじ開けていけばいいのか。

てことして使えそうなツールが三つほどありそうだ。一と二がご本人の目と口である。そして三が、ここでもマキャベリ先生だ。先生をてこ扱いするのは少々恐れ多い。だが、何しろ仮面男が敬愛して止まない師匠だから、そのお言葉の中に「本当のあなた」の発見につながる示唆があるに違いない。奸佞首相の目と口を考察する中で、マキャベリ先生の関連語録を併せてみていく。

まずは目から行こう。「**目は口ほどにものを言う**」。今この時、つくづくこの言い方の正しさを実感する。新型コロナウイルスの襲来を受けた我々には、マスク着用が日常風景になっている。思えば、マスクもまた仮面だ。覆面の意もある。パンデミック下にある我らは、口周りに仮面を被って生活している。すると、目が口ほどにものを言い始める。

奸佞首相の目には、その奸佞振りが実によく滲《にじ》み出ている。無表情な目だ。表情を読まれまいとしている目だ。だが、冷たい目でもある。怖い目だ。マスクの中で、いくらパンケーキ好きの「令和おじさん」っぽく偽の微笑をこしらえても、彼の目はその「偽笑」についていけない。どうしても、ドロリとした冷酷感が滲み出てしまう。

実際に、奸佞首相の怖さと冷酷無比さの発揮振りについては、様々な報道や逸話に事欠かない。

奸佞首相が官房長官時代の２０１４年５月、官僚人事を一元化する内閣人事局が創設された。この新兵器をフル稼働させて、菅官房長官は役人たちを思うままに動かした。効果はてきめんで、「官邸のご威光に逆らえば命がない。進言するのが怖い」という心理が霞が関を覆い尽くすようになった。きっと、あの怖い目に認められないように、霞が関の誰もがうつむき、息を殺し、気配を消して勤務していたのだろう。

その官房長官が今度は首相になったのだから、霞が関を覆う恐怖の黒雲はさらに黒さを増していることだろう。現に、２０２０年９月の自民党総裁選中、菅氏は、政権の決めた政策の方向性に反対する幹部は「**異動してもらう**」と明言している。あの目に睨《にら》まれたら一巻の終わり。ご本人がそう言い切っているのだから、やっぱり冷酷無比だ。あの目がぐるりと一巡りするたびに、官僚たちがバタバタとヒラメ化していく。そんなありさまが頭に浮かぶ。

菅氏に抵抗したとして実際に飛ばされたという某官僚が、新聞取材に応じて次のように言っている。

「菅さんはお気に入りも取り巻きも作らない。ある意味、誰も信用しない。自分のやりたいことに全面的に協力するかどうかが全て。官邸主導と過剰なそんたくはさらに進むと思う」

（毎日新聞　２０２０年９月17日付）

誰も信用しない。そう、あの目は、まさしく誰も信用していない人の目だ。

２０２０年10月、日本学術会議問題が起こった。皆さんもまだご記憶に新しいところかと思う。新規会員候補として学術会議側が推薦した１０５名のうち、６名が任命されなかった。奸佞首相が任命を拒否したのである。首相の任命権は形式的なものだという解釈が確立されているにもかかわらずのことだった。奸佞首相は頑として任命拒否の理由を語らない。だが、拒否された６名の学者は、いずれも政府の方針に異を唱えたことがある。冷たい目の人は、役人ばかりではなく、学者までもヒラメ化に向かって睨みたおそうとしているようだ。

ここで頭に浮かぶのが、マキャベリ先生の次の言葉だ。

「愛されるより、恐れられる方が無難だ」

奸佞首相の一連のやり方は、先生のこの教えに実に忠実に従っている。この人は誰も信用しない。自分に盾をつく者たちは、たちどころに排除する。自分も、いつ何時、あの怖い目のレーダーに引っかかって撃墜されるか解らない。そのような心理が広がれば、誰も逆らわなくなる。まさに無難だ。

マキャベリ先生は、次のような恐ろしいことも言っている。

「国家を造り、その法体系を整備せんとする者は、万民が邪悪だと想定しなければならない。彼らを野放しにすれば、彼らは常にその悪しき魂に従って行動するので

ある」

こんな教えに従って行動している人の目つきが悪くなるのは当然だ。

マキャベリ語録には、次のようなものもある。

「人々は寛大に取り扱うか、壊滅させるか、いずれかだ。なぜなら、彼らは軽傷を負わせるだけなら反撃してくる。致命傷を負えば、それはできない」

敵味方を徹底的に仕分けしようというわけだ。仕分けした上で、敵と目した者たちは情け容赦なく片付けてしまえというのである。常にこういう構えでいるとなれば、目つきは悪くなる一方だ。

こんなのもある。

「君主は狐であれ。罠《わな》に落ちないために。そして、ライオンであれ。狼たちを怯《おび》えさせるために」

奸佞首相をライオンに見立てることは難しい。だが、見た目で判断してはいけないのだから、決めつけはいけない。実は狼も怯えて逃げる狂暴さを仮面の下に秘めているかもしれない。他方、見た目でいくなら、奸佞首相の目は、確かにとても狐的にみえる。奸佞首相は狐目の男だ。

❖もの言えば唇寒し

さて、口に移ろう。

口は災いのもと。もの言えば唇寒し。沈黙は金なり。奸佞首相はどうも、自分の口とこういう付き合い方をしているようにみえる。なるべく、多くを語らない。なるべく、詳細には説明しない。できるだけ紋切り型で切り抜けたい。できれば、喋《しゃべ》りたくない。これらが基本方針のようである。

紋切り型の中でも、お気に入りなのが「**答弁を差し控える**」と「**指摘は当たらない**」だ。２０２１年の国会論戦の中では、評判の悪いこの二つのフレーズの使用をなるべく「差し控え」ようとしていたようだが、それでも、ポロポロとこぼれ出ていた。

首相たるもの、さすがに、沈黙は金なりを徹底的に貫くわけにはいかない。しょうがないから、紋切り型と決まり文句の「鉄壁」を打ち立てて、その背後に立てこもる。奸佞首相は、この戦術で国会答弁などを切り抜けようとしているように見える。「本当のあなた」を知られたくないから、本当の自分の言葉で語ることは極力、避ける。言葉もまた、「見た目仮面」で覆ってしまう。

そんな奸佞首相が、珍しく自分の言葉を口にしたと思われるケースが2件、筆者の目に留まった。その1が前述の日本学術会議に関するもの。その2が、2020年12月14日に発生した「ステーキ会食事件」に関するものである。その経緯については後述する。

日本学術会議への6名の候補の任命拒否について、国会の場やメディア取材時に拒否理由を聞かれると、菅首相は、その都度、「**総合的、俯瞰的活動を確保する観点から判断をした**」と説明した。これしか言わないのであるから、これもまた紋切り型回答だ。ただ、より正確に言えば、これは引用である。2003年2月に総合科学技術会議が提出した「日本学術会議の在り方について」という具申書に次のように書かれている。

「日本学術会議は、新しい学術研究の動向に柔軟に対応し、また、科学の観点から今日の社会的課題の解決に向けて提言したり、社会とのコミュニケーション活動を行うことが期待されていることに応えるため、総合的、俯瞰的な観点から活動することが求められている」

（傍線筆者）

菅首相は傍線部分をそのまま声にしていただけのことである。要は音声版のコピペだ。何をもって総合的・俯瞰的の要件を満たすと判断したのか。より正確に言えば、任命を拒否した6名が入ると、なぜ、日本学術会議の活動が総合的・俯瞰的でなくなるのか。これらのことについては一切、説明しない。個別的な人事案件については、「**答弁を差し控える**」のお得意フレーズをもって説明を回避した。

紋切り型で音声コピペな上に、木で鼻を括《くく》るような無愛想な対応が、国会でも取材の場でも大いに顰蹙《ひんしゅく》を買った。あまりの評判の悪さに焦ったのだろう。ＮＨＫの報道番組「ニュースウォッチ9」でこの問題について問い詰められた際、菅首相は「**説明できることと、できないことってあるんじゃないでしょうか**」と言った。このテーマで、初めて音声コピペではないことを言ったのである。

この言い方は大問題だ。政治には、全てのことについて説明責任がある。説明責任を果たさない政治は政治の名に値しない。**政治の説明責任回避を容認してしまえば、民主**

主義体制ではなくなる。独裁体制であり、恐怖政治だ。自分は恐怖政治をやっている。そのように宣言したのである。まさしく、もの言えば唇寒し。

やっぱり定番通り、音声コピペに徹していた方が良かった。その後、奸佞首相はこのように反省したかもしれない。もっとも、あの「**答弁を差し控えたい**」という表現も、実は大いに問題だ。「差し控える」というのは、意図的選択だ。答弁できないとは言っていない。「もっと調べないと答えが出て来ない」と申し開きしたりしているわけではない。答えはあるが、それを言わないという選択をした。**都合が悪いから言うのを止めるという選択をさせていただきました。そう言っているのである。**いずれにせよ、この人の口から誠意ある言葉が出てくることは、およそ期待できそうにない。

「ステーキ会食事件」に進もう。２０２０年12月14日、仮面男で狐目の男の奸佞首相は、自民党の二階俊博幹事長や王貞治氏、杉良太郎氏、みのもんた氏など、８人ほどでステーキ会食に耽《ふけ》った。

新型コロナ対応が実に厳しい局面に入っていた。政府の新型コロナウイルス感染症対策分科会が、「５人以上の飲食で感染リスクが高まる」と注意喚起していた。しかも、12月14日といえば、例の「Ｇｏ Ｔｏトラベル」の全国一斉一時停止が発表された当日だった。このような状況の中で、何やら派手な顔ぶれで銀座に集い、ステーキ会食をやる。いかなる神経か。５人と８人の区別がつかないのかもしれない。区別がつくのに、５人破りを選択したのだとしたら、あまりにも鉄面皮だ。

奸佞首相の口との関係で言えば、その後の彼の釈明がふるっていた。

「他の方との距離は十分にありましたが、国民の誤解を招くという意味においては真摯に反省しております」

彼はこのように言ったのである。**「国民の誤解を招くという意味においては真摯に反**

省しております」とは、一体どういうことか。国民は何も誤解していない。菅氏の行動に誤解の余地はない。国民にお願いしていることを自分は守っていない。守らなくていいと思っている。この不届きの極みの姿の一体どこに、誤解の余地があるのか。どんな誤解が発生し得るというのか。

「真摯に反省しております」も実に引っ掛かる。この言い方からすると、反省には真摯な反省と真摯でない反省があるらしい。少なくとも、奸佞首相の言語体系の中には、この2種類があるということなのだろう。辞書によれば、「真摯」は「まじめでひたむきなこと」の意だ。以降、奸佞首相が「真摯に」をつけずに「反省しています」と言ったら、それは「ふまじめに」そして「ひたむきさなく」反省しているということなのだと受け止めなければならない。

「真摯に」をつけた時には、ここは、「ふまじめでひたむきさがない」と「誤解」されてはまずい場面だという判断が働いているわけだ。そもそも、自分の反省について「真摯だ」と自己診断することが笑止千万。自分は「真摯」だという人を真摯な人だと「誤解」するほど、我々はバカじゃない。

ここでまた、マキャベリ先生に教えを乞うことにしよう。口と言葉に関わって、先生は次のように言っておいでだ。

「ある事実を言葉をもって隠蔽《いんぺい》する必要が生じた時には、バレないように要注意だ。バレた場合に備えて、直ちに使える反論を用意しておかなければならない」

ことこの教えに関しては、奸佞首相はうまく従えていない。「**真摯な反省**」は真摯さの欠如をバレバレにさらけ出している。「**誤解を招く**」にいたっては、「誤解」という言葉の意味を理解していないことが露呈した。「**説明できることとできないことがある**」と口が滑った後、それをカバーできる次の一手を用意することができなかった。やっぱり、この人は自分の言葉で語らない方がよさそうだ。だからこそ、我々は彼の口から彼の言葉を引っ張り出さなければならない。

舌先三寸の巧みな活用法について、凄いマキャベリ節がある。次の通りだ。

「欺きをもって手に入れられるものなら、それを力ずくで奪い取ろうとすることはない」

さながら振り込め詐欺だ。次々と新手の手法を繰り出すあの詐欺師たちも、ひょっとすると『君主論』の愛読者なのかもしれない。そうだとすれば、教えの実践家としては、彼らの方が奸佞首相より優秀だ。

❖言葉は命、言葉は光、奸佞首相は闇の中

以上、マキャベリ先生のお力を拝借しながら、奸佞首相が「見た目仮面」で覆い隠そ

うとしてきた、彼の「本当のあなた」像が、かなり透けてみえてきた気がする。彼は冷たい目で敵と味方を仕分けする。逆らう者は遠ざける。できれば葬り去りたいだろう。親しみ深さを演出しようとしながら、実は愛されたいとは思っていない。恐れられたがっている。邪悪な国民は押さえつけるものだと心得ている。

奸佞首相の口は閉ざされた口だ。紋切り型な決まり文句を「木で鼻」模様のマスクの下から不承不承に絞り出す。彼の口は我々に語りかけるための口ではない。自分を追及から守るための口だ。そして、使い方はいたって下手くそだ。

この人の発言からは、およそ、言葉に対する敬意が感じられない。慎重に、精緻で誠意ある言葉を選び、それらを丁寧に、的確に使って我々に語り掛けようとする姿勢は微《み》塵《じん》も感じられない。この人の口からは、ずさんな言葉が乱暴に投げ出されてくる。愛されるよりは恐れられた方がいい。この感性で言葉を使っているからだろう。

そんな奸佞首相に送りたいのが、次の言葉だ。

「はじめに言《ことば》があった」

これはマキャベリ先生の言葉ではない。聖書の中に出てくる言葉だ。新約聖書の中の「ヨハネによる福音書」の冒頭にこの一節がある。そして、以下のように続く。

「言は神と共にあった。言は神であった。この言は、初めに神と共にあった。万物は言によって成った。成ったもので、言によらずに成ったものは何一つなかった。言の内に命があった。命は人間を照らす光であった。光は暗闇の中で輝いている。暗闇は光を理解しなかった」

（一般財団法人日本聖書協会 新共同訳）

ここで言う「言葉」はイエス・キリストを表象している。まさしく、言葉は神なのである。そして、言葉は命であり、光である。その光は暗闇の中で輝いている。言葉を大切にしない奸佞首相は暗闇側にいる。そして、暗闇側にいる彼には、光が理解できない。

ここまで解ったところで次のテーマに進もう。奸佞首相の本性を見極める本章の旅は、あと一息続く。

2

奸佞首相に理念はいらない

❖権力こそ全て、全ては権力のために

「見た目仮面」の向こう側にある「本当のあなた」の顔がそれなりに浮かび上がってきたところで、今度は奸佞首相の頭の中に分け入ってみたいと思う。この人は何を考え、何を企《たくら》んでいるのだろうか。これを思う時、ただちに目の前に躍るのが、「理念無き」とか「ビジョンが見えない」という類いの新聞・雑誌の見出しである。例えば次の通り。

「日本記者クラブ討論会 菅氏のビジョンが見えぬ」（毎日新聞 社説 2020年9月13日）

「拝啓 新首相・菅義偉様 あなたの国家像、いつ聞けますか」

「経済官僚幹部は『日本をどんな国にしたいのか、大きなビジョンが見えない』(中略)と話す」
(毎日新聞「特集ワイド」2020年9月16日)

「徹底したリアリストでもある。イデオロギーや理念にしばられない『無思想の思想』の持ち主だ」
(毎日新聞「経済記者『一線リポート』」2020年9月16日)
(日経新聞「菅義偉首相の思想と行動」2020年9月21日)

英経済紙のフィナンシャル・タイムズまで、社説で「日本の首相にはメッセージとビジョンが必要だ」("Japan's new premier needs a message and a vision" 2020年9月21日)と書いている。

多くのジャーナリストや、彼を間近でみている官僚たちの一致した考察だから、実際に、この人の頭の中に特定の理念やビジョンは無いのだろう。あるのは、徹底した実利主義と実益志向だ。どうも、そういうことらしい。いくら、奸佞首相による理念やビジョンの披瀝《ひれき》の時を待っても、その時は決して来ない。この際、このように割り切ってしまった方がよさそうである。

ただ、ここで奸佞首相の頭の中身の追求を止めてしまうのは、早計に過ぎるだろう。奸佞なる者には、下心が付き物だ。何かを達成しようとしているから、悪知恵を巡らし、悪巧みをするのである。何を達成しようとしているのか。そのためにどんなことを企んでいるのか。やはり、これらのことを突き止める必要がある。

ここでも、まずはマキャベリ先生にお知恵を拝借することが得策だと思う。なぜなら、先生の語録の中には次のお言葉があるからだ。

「権力こそ、他の全てを決する基軸だ。権力を掌握した者はいつも正しい。権力無き者はいつも間違っているとみなされる」

ここにこそ、奸佞首相と彼が展開しようとしているスカノミクスのエッセンスがある。

筆者にはそのように思える。全てを決する基軸。それを掌握した者は、永遠の正しさを独り占めできる。他の全ての者どもを不正者の立場に追い込むことができる。この権力という名の至高のものを手に入れる。これが奸佞首相の目指すところなのではないか。

何らかの理念を実現したいから、権力を掌握したいというわけではない。**あるビジョンに基づいて世の中を動かしたいから権力が欲しいわけではない。権力そのものが欲しい。**権力奪取願望が、常にふつふつと湧き上がっている。それが奸佞首相の頭の中の状態なのだと推察する。「序章」でご紹介した「万柳」投句の**「権力は快感ですか菅総理」**への答えは間違いなくイエスだ。

実際に、官房長官当時の奸佞首相は、番記者から「権力の重み」を感じるかと聞かれて、**「というか快感」**とつぶやいたことがあるらしい。（毎日新聞「風知草：こわもての孤立」2020年12月21日）。同じ番記者は、菅氏に「官房長官は楽しいですか」と聞いたこともあるそうだ。すると、彼は**「楽しいに決まっているだろ。やりたいことができるんだから」**（出所、同右）と答えたそうである。官房長官から首相に昇格した今、やりたいことができる楽しさは、さぞかし、いや増していることだろう。

❖ 政治と道徳の関係

今のくだりを書いたところで、「ん？」と思った。「やりたいことができるから楽しい」とおっしゃるところをみると、奸佞首相にはやりたいことがあるわけだ。ということは、彼にも実は理念やビジョンがあるということになりはしないか。奸佞首相、理念無し男説に少々迷いが生じてしまった。どうしよう。

だが、しばし考えて事なきを得た。やりたいことの有る無しと、理念の有る無しは次元が違う。理念がなくても、やりたいことは出てくるだろう。人気を高める。税収を増やす。特定の産業を支援する。こうしたことは、およそ理念やビジョンに縁のない政治家にとっても、やりたいことだ。さらには、さしあたって具体的にやりたいことがなくても、権力さえ掌握していれば、実際にやりたいことが出てきた時、すぐにそれを実現できる。この気分が楽しい。快感だ。そう感じているのかもしれない。

いずれにせよ、「**権力こそ基軸**」と言い放つマキャベリ先生の信奉者においては、やはり権力そのものが自己目的化していると考えるのが合理的だろう。思えば、だからこそ、奸佞首相は実利主義に徹し、もっぱら実益志向で動くのだろう。今この時、権力を保持し続けるためには、これをやっておくのが得策だ。権力基盤をさらに盤石なものにしていくためには、ここで、ああいうことをやってアピールしておくのが効果的だろう。こうした読みにしたがって「やりたいこと」を選んでいく。それが奸佞流だと言えそうだ。

ところで、マキャベリ先生は次のような凄いことも言っている。

「**政治と道徳はまるで無関係である**」

道徳と理念の関係は微妙だ。道徳心無き者に理念がないとは限らない。極めて道徳心に欠ける人間が、いかがわしい理念や危険な理念を抱いているということはあり得る。奸佞首相の出身母体である自由民主党には、そういうタイプの政治家が少なくないかもしれない。さらに言えば、政治と道徳が全く無関係なら、全ての政治家が抱く理念は非道徳的だということになる。

これはマキャベリの教えのあまりにも極論的な解釈かもしれない。ただ、この言葉を発した時のマキャベリ先生は、ひょっとすると、特定の人物、あるいはその人物が集約的に体現していた政治姿勢を念頭においていたのかもしれない。筆者はそう推理する。

その特定の人物は、**聖トマス・モア**である。名前の上に「聖」の冠がついているのは、彼が当時のカトリック教会によって「列聖」され、聖人となったからである。聖人の称号は、殉教者や、世のため人のために命がけで尽くした高潔なる人々に与えられる。聖トマスは、かの空想国家小説『ユートピア』の作者だ。マキャベリ先生は１４６９年生まれで没年が１５２７年だった。聖トマスは生誕は１４７８年で、１５３５年に没した。

二人は完璧な同時代人だったのである。

だが、二人の思想性は大いに異なっていた。聖トマスは15～16世紀のイギリスにあって、ルネッサンスの旗手となった。そして、権力に対して敢然と立ち向かった。ヘンリ18世がカトリック教会から離脱し、国王を頂点とする英国国教会を創設しようとした時、それに断固反対した。王宮の重鎮でありながら、真っ向から国王陛下を諭し、批判して憚《はばか》らなかった。微塵の忖度《そんたく》も働かせなかった。その結果、反逆者として処刑されることになった。

かたや、「**権力こそ基軸**」とするマキャベリ先生。かたや権力に屈せず、反体制の狼煙《のろし》を上げることが政治家の使命だと認識した聖トマス。実に対象的な二人だ。実際に、マキャベリ先生は聖トマスのような立ち居振る舞いを「**丸腰の預言者**」のそれだと一蹴し、そんな軟弱なことでは何も達成できはしないと冷笑していたようである。いかに道徳的で高潔であっても、「狐の狡猾《こうかつ》」と「獅子の剛腕」を我が物としていなければ、何にもならない。そのような思いが、前出の「**政治と道徳はまるで無関係**」発言に凝集したのではないか。

❖実は政治家ではなかった奸佞首相

ちなみに、カトリック教会は、およそ、ありとあらゆる職種・職業に「守護の聖人」を指定している。医師・看護師・アスリート・芸術家。エコノミストにも、守護の聖人がおいでくださる。もちろん政治家にも。そして、政治家たちの守護の聖人が、実は聖トマス・モアなのである。

聖トマスは、ヘンリー8世の圧倒的な権力と強権に果敢に立ち向かった。彼は確かに丸腰だった。彼は、ひたすら言葉をもって横暴な権力者と闘った。怯むことなく、逃げることなく。まさに、初めに言葉ありきだ。この人に守護されているのが、政治家たちなのである。つまり、政治家たるもの、反権力・反強権でなければいけないということだ。異を唱える者を排除する。そのような権力者とは真っ向から対峙《たいじ》する。その覚悟ある者の上に、聖トマスの加護がある。

これは、マキャベリ先生と奸佞首相にとって、誠に不都合なことだ。何しろ、彼らにとっては権力が基軸だ。奸佞首相は、権力の確立と維持のために、常に最も役に立つことを実現し、実益をあげようとしている。反権力どころか、菅首相は絶対権力を掌握することにきゅうきゅうとしている。忖度なき者は、その「王宮」から立ち退《の》かせる。異論ある者は、強権的に公職から遠ざける。聖トマスの守護に値するために、従うべき「業務記述書」には全く従っていない。つまり、奸佞首相は実は政治家ではないのである。大変なことが解ってしまった。

奸佞首相が聖トマスのご加護を得られるような本当の政治家に変身する。そのような展開があり得るだろうか。到底そうは思われない。だが奇跡は起こる。到底あり得ないと思われることが起こる。それが奇跡だ。奇跡を期待しつつ、次章に進もう。いよいよ、スカノミクスのコンテンツに踏み込んで行く場面が来た。

第2章　スカノミクスの構造を解析する

1

「自助・共助・公助」の真相

❖はじめに「自助・共助・公助」ありき

前章の末尾で申し上げた通り、本章では、スカノミクスの中身を点検する。「序章」でもみたが、スカノミクスの「スカ」は「①あてがはずれること。でたらめ。②くじなどのはずれ」を意味する。スカノミクスは、どこがどうあてはずれで、どうでたらめで、いかなる意味ではずれくじなのか。これらのことについて、ここでみていく。

我らの旅のこの局面には、どこから踏み出すのが妥当だろうか。どこから紐解いていけば、スカノミクスのスカたる所以《ゆえん》の本質をとらえることができるだろうか。真の政治家の守護の聖人には、およそ加護を得られるはずのない奸佞首相。その権力志向と実利主義は、スカノミクス親爺流の経済運営にどうつながっているのか。このことを解明する旅は、どこを出発点とすればいいのか。

出発点は、やはり、例の「**自助・共助・公助**」というスローガンだろう。理念なき実利主義者が、多少なりとも、理念っぽい形で掲げたのが、この看板だった。これが初めて前面に出てきたのが、自民党総裁選に向けた候補者たちの共同記者会見、そして日本記者クラブが主催した討論会の場であった。菅氏は、自分が基本方針として打ち出したい内容を示したパネルに、この「自助・共助・公助」を書いていた。正確に再現すれば次の通りだ。

「**自助、共助、公助**・
　　そして絆
規制改革」

この不思議なパネルの意味するところは何だろう。パネル上の文言の配置や順序には、どのような狙いが込められていたのだろう。

❖奸佞首相の「国の基本」

まず、「自助・共助・公助」の部分からいこう。これについて、ご本人が次のように言っている。

「私の持論は、国の基本は『自助、共助、公助』。自分でできることはまずは自分でやってみる。そして、地域、自治体が助け合う。その上で、政府が必ず責任を持って対応する。国民から政府がそのような信頼を得られるような、そういう国のあり方を目指したい」

（「文藝春秋」２０２０年10月号）

なんと、「自助・共助・公助」が「国の基本」だと言っている。これには、唖然《あぜん》とするほかはない。「**自分でできることはまず自分でやってみる**」は、それこそ、自分の心構えとしては立派かもしれない。だが、困窮し、助けを求めている人々がこのように突き放されたら、どんなに絶望することだろう。この言い方を裏返せば、**「まず自分でやってみない」者は助けない**ということだ。こんなにヒドイ話はない。そもそも、政治は人を助けることが仕事だ。

「**そして、地域、自治体が助け合う**」にも、どうも、違和感を感じる。「地域、自治体が助け合う」とは、どういうことか。まず、「**地域、自治体**」の部分が解らない。これは「地域すなわち自治体」の意か。それとも、「地域と自治体」なのか。「**助け合う**」だから、多分、後者なのだろう。つまり、地域の住民と地域の行政が助け合うということだ。助け合って何をするのか。おそらく、自分でやってみたけどダメだった人を助けるために助け合うのだろう。どうも、**自助力無き住民の存在が判明したら、地域社会と地域行政が寄ってたかって何とかしろ**ということらしい。

続きを読むと、ますます、この推測について確信が深まる。なぜなら、この文章は「そ
の上で」という言葉で始まっている。この「その上で」の意味するところは、「そこまで
に提示された条件が満たされたら」ということだ。つまり、まず自助が試みられ、地域
と自治体が連携して共助に乗り出す。このプロセスが一巡したと目されるところで、政
府がおもむろに重い腰を上げるというわけだ。

しかも、重い腰をどう上げるかといえば、「必ず責任を持って対応する」のだという。
「責任を持って対応する」が、これまた、どういうことなのかよく解らない。「必ずお助
けする」とは言っていない。責任を持てそうもなければ対応しないと言っているように
も聞こえる。どうも、自助から遠ざかれば遠ざかるほど、渋々感が深まる。そのような
文章運びになっている。

こんなにも出し渋り・出し惜しみ感が充満している言い方をしておいて、国民から信

頼を得たいというのは、あまりにも虫が良すぎる。もっとも、締めくくりの「**国民から政府がそのような信頼を得られるような、そういう国のあり方を目指したい**」も不可解だ。「**そのような信頼**」とは、どのような信頼か。政府の腰は巨大な漬物石並みに重い。その点について国民が理解し、納得し、文句を言わない。そのような状態を確立したいということか。そして、そのような状態が確立している「**そういう国のあり方を目指したい**」というわけか。文言の一つ一つの咀嚼《そしゃく》・解読を積み上げてみたら、このようなイメージにたどり着いてしまった。

❖スカノミクスは弱者を切り捨てる

こんな感性で政策に携わられたのでは、たまったものではない。政策の本源的役割は弱者救済だ。ところが、このスカノミクスの「政府の重い腰」論では、弱者救済どころではない。弱者切り捨てだ。

スカノミクスの論理は、なぜ、かくも冷酷なのか。考えてみれば、これはさほど難しい謎ではない。

なぜなら、スカノミクスの背後には、奸佞首相の下心があるからだ。我々はその下心がいかなるものであるか、すなわち、彼の本性がなんであるのかということを、第1章で見極めた。彼においては、絶対権力の絶対確立が自己目的化している。

絶対権力を絶対的に確立しようとする時、邪魔になるものは何か。それは、弱者の存在だ。力の論理を唱えるマキャベリ先生の意に適《かな》う強靭な国家権力を確立しようと思えば、弱者は足手まといだ。脆弱なる部分は、可能な限りそぎ落としたい。自助力無き者たちを支えるために、カネや時間や知恵を費やすことは極力、避けたい。そういうことになる。だから、スカノミクスの体系の中において、公助は可能な限りしんがりの方に追いやられることになる。

時間も知恵もさりながら、マキャベリ愛の人としては、「**公助**」**にカネがかかることが特に気に食わないのだと考えられる**。なぜなら、『君主論』の第16章では、寛容主義と倹約主義について語られている。君主たる者、あまり気前よくカネの大盤振る舞いをやってはいけない。それをやると、必ずやカネが足りなくなる。それにもかかわらず、民思いの寛大な君主振りを維持しようとすれば、結局のところ、民に重税を課して嫌われることになる。反乱が起きるかもしれない。

むしろ、**ケチケチ主義**に徹した上で、たまにチョボチョボとカネの小盤振る舞いをするのがよろしい。そうすれば、時々降って来るお恵みのありがたみが増す。君主の寛大さが礼賛される。安上がりに人気が取れる。これがマキャベリ流だ。奸佞首相としては、スカノミクスの中にこの流儀を取り込まないわけにはいかない。

こうしてみると、前出の「自助、共助、公助.

そして絆
規制改革」
というパネルの構図も、かなり謎が解けてくる。

ここに規制改革が登場するのは、無駄を排除したいからだ。マキャベリ先生に及第点をいただけるような安上がりで効率的な権力機構をつくりたい。その邪魔になる規制は取っ払う。縦割り行政を排除して、自らの手元に政策を動かす諸々のレバーを集約する。それが最優先課題だから、自分の政策方針を1枚の紙に集約して示せと言われた時、そこに規制改革が登場したわけだ。

一見したところでは、自助・共助・公助と並んで規制改革が顔を出すのは唐突なように思える。だが、「まず自助、ダメなら共助、それでもダメなら責任が持てる限りにおいて公助」という弱者邪魔者扱いの論理に照らせば、そこに規制改革が揃《そろ》い踏みするのは、むしろ、必須要件なのかもしれない。

自分が目指す「国の基本」は自助最優先だ。だから、自助力ある者たちが思う存分、実力を発揮できるよう、余計な規制は取り除く。それが我が規制改革の論理だ。この脈絡で考えれば、自助・共助・公助と規制改革は同じ空間を占めていて、むしろ、当然だ。

残るは「そして絆」だ。これはなお、謎めいている。自助最優先の自己責任社会において、一体どのような絆が「そして」形成されるというのだろう。まさか、スペースが空いてしまったので穴埋めに入れたわけでもなかろう。誰と誰の絆なのだろう。ひょっとすると、親類縁者の結びつきのことかもしれない。自助力無き者たちは「地域、自治体」の「助け合い」で支えると言っても、近頃は過疎地も多ければ限界集落も多々ある。地域社会も自治体も立ち行かなくなっているケースがあるだろう。そのような場合に、共助をすっ飛ばして公助にしなだれかかられても困る。そこは身内で何とかしてください。この防衛線を張るために、このスペースに「そして絆」を入れ込んだのかもしれない。

ところで、ここで検討した「私の持論は」で始まる一文には前段がある。次の通りだ。

「**自然災害やコロナのような緊急事態を乗り越えるにあたっては、国民の皆様や地方自治体に更なる協力をお願いする場面も出てくるでしょう**」

「持論」部分の解析を一通り終えたところで、改めてこのくだりを読むと新たな発見がある。同時に、軽い戦慄を覚える。まず、「**国民の皆様や地方自治体に更なる協力をお願いする**」の個所だ。これが、後段の「**自分でできることはまずは自分でやってみる。そして、地域、自治体が助け合う**」に対応していると考えられる。つまり、「国民の皆様」が「自助」者で、「地方自治体」が「共助」者なのである。そして、自助者と共助者にどのような「**場面**」において「**更なる協力をお願いする**」のかと言えば、それは、「自然災害やコロナのような緊急事態を乗り越える」場面だというのである。

要するに、**最大限に危機的な状況下において、まずは自助、然《しか》る後は共助で行け**というのである。「その上で」なければ、公助はその漬物石の腰を上げないというわけだ。

❖神は自助を求めない

全くなんということか。「持論」を展開した「文藝春秋」への同じ投稿の中で、奸佞首相でありスカノミクス親爺であるこの人は、「**私が政治を志して以来、一貫して重視してきたのは、国民の皆様から見て、何が『当たり前』かをきちんと見極めるということです**」と書いている。とびきりの緊急時において、まず自力で何とかしろと言う。そのような形で国民と地域社会を突き放す。このどこが、「**国民の皆様から見て当たり前**」だというのか。スカノミクスの世界における「当たり前」は、我々にとっての「当たり前」とは随分違うようである。

スカノミクス親爺は、どれほどまで「天は自ら助くる者を助く」という言葉が好きなのだろう。つくづく、そう思う。このフレーズの歴史は古い。ギリシャ神話の世界まで遡る。そこには、二つの意味が込められている。その一が、「努力する者は報われる」だ。

その二が「おさぼり人間は見放される」である。

いずれもごもっともではある。だが、視野が狭い。知的広がりがない。**まだ、基本的人権というものに目覚めていなかった。その次元の人類の発想だ。**努力したくても、努力できない事情や状況を抱えている人々もいる。おさぼり人間にも、生きる権利はある。これらのことに関する我々の認識が深まる中で、公助という概念が生まれ出《い》できたのである。

ところで、「天は自ら助くる者を助く」を聖書の中の言葉だとお考えの向きも多いらしい。だが、これは誤解だ。イエス・キリストは言った。

「命のことで何を食べようか、体のことで何を着ようかと思い悩むな。…ただ、神の国を求めなさい。そうすれば、これらのものは加えて与えられる」

（「ルカによる福音書」12・22〜31 新共同訳）

天は人に自助を求めない。聖書は自助を語らない。ひたすら神に寄り、頼め。それがイエスの教えだ。これぞ、究極の公助だ。

2 妡佞首相はスカノミクスをどう語ったか

❖スカノミクス親爺は型抜き男

「自助・共助・公助」の謎が解けたところで、いよいよ、スカノミクスの具体的な内容に分け入っていこう。理念無き実利主義者は、どのような道具立てをもって、絶対権力の絶対化を実現しようとしているのか。

妡佞首相の前任者、僕ちゃん首相のアホノミクスの大将は、型から入った。「三本の矢」、「新三本の矢」、「一億総活躍推進」、「働き方改革」、「人づくり革命」、「生産性革命」、「ソサエティ5・0」等々。怪しげなキラキラ系の名前を次々と我々の目の前にちらつかせる。何やら、新しいことが始まるのだという空気感を充満させて、自分たちが目指す方向に我々を引き寄せていく。それがチームアホノミクスのやり方だった。

このお名前大作戦の魂胆を暴き、その背後にあるものをほじくり出すべく、筆者は『アホノミクス用語辞典』の編纂《へんさん》を企んでいた。「一億総活躍」は、実は「一億総動員」。「働き方改革」は「働かせ方超効率化のための悪巧み」。「人づくり革命」は「人つぶし革命」。こんな具合の辞書づくりを考えていたのである。

残念ながら、この企画が実現する前にアホノミクスの大将が辞任してしまったので、この陰謀は不発に終わった。だが、**敵が繰り出してくる言葉を独り歩きさせること、敵の言葉を使って会話することがいかに危険かということについては、今なお、強い実感を抱き続けている。**

「敵の言葉で語らず」。アホノミクス用語の数々が、このことの重要性をしっかり教えてくれた。この点については、アホノミクスの大将に感謝すべきだ。ありがとう。

型から入ったアホノミクスの大将に対して、スカノミクスの親爺さんは型抜き男だ。キラキラ名前は打ち出さない。それに近いのが例の「Go To」キャンペーンだが、これはアホノミクスの大将から「継承」したもので、スカノミクス親爺のオリジナルではない。彼は、ひたすら各論の人だ。派手なネーミングの傘の下に個別施策を束ねるというやり方を取らない。

「携帯電話料金値下げ」、「不妊治療への保険適用」、「デジタル化」、「規制改革」等々。とても具体的で、ある意味では身も蓋もない個別項目がズラズラと並べ立てられる。何をやろうとしているのか、イメージが湧き難い。この辺りこそ、理念なき実利主義男の真骨頂だ。

ひょっとすると、ここがスカノミクス親爺の最も危険で怖いところかもしれない。アホノミクスの大将には、ええかっこしいを追求し過ぎのキラキラ名前が、かえって正体暴露の要因になる面があった。スカノミクス用語はあまりにも普通で散文的なので、その背後に渦巻くものを見定めることが難しい。だが、難しがってばかりはいられない。各論男の各論のそれぞれが、どのような狙いを秘めているのか。このことについて、次章でみる。

それに先立って、本章では、妍佞首相ご本人がスカノミクスをどう語っているかを見ておきたい。そのために、彼の二つの演説に注目する。首相就任時の所信表明演説と、初の施政方針演説である。

❖所信は一つしか表明しなかった所信表明演説

2020年10月26日、臨時国会が召集されて、妍佞首相が初の所信表明演説を行った。所信表明演説は、日本の首相が臨時国会や特別国会の冒頭で行う。

「所信」という言葉を辞書で引けば、「信じている事柄。信ずるところ」とある。ところが、好佞首相の初の所信表明演説は、およそ、信ずるところを語っていない。全文をダウンロードして、多少とも信条の吐露に類するくだりを網掛けするという作業を試みた。すると、網がかかった個所は2か所しかなかった。その一つが、次の部分だ。

「私は、雪深い秋田の農家に生まれ、地縁、血縁のない横浜で、まさにゼロからのスタートで、政治の世界に飛び込みました。その中で、『活力ある地方を創る』という一貫した思いで、」

「一貫した思い」は「信ずるところ」に相当すると言ってよさそうだ。そう判断してこの部分に網掛けした。ところが、その続きを読み進んで「え?」と思った。続きは次の通りだ。

「総務大臣になってつくった『ふるさと納税』は、今では年間約5千億円も利用されています」

どうも、ここがこの文章の中で一番言いたかったことのようである。要は、実績の誇示が狙いで、「雪深い秋田」から「一貫した思い」のパートは、そこに話を持っていくための枕詞に過ぎなかったのである。網掛け撤去。

もう一つ網のかかったのが、次の個所だった。

「私が目指す社会像は、『自助・共助・公助』そして『絆』です。自分でできることは、まず、自分でやってみる。そして、家族、地域で互いに助け合う。その上で、政府がセーフティーネットでお守りする。そうした国民から信頼される政府を目指します」

これについては、もはや多言を要しない。弱者を突き放す。自助・共助で万策尽きたことが判明した時点で、「その上で」なければ、政府はセーフティーネットの網を打たない。そこまでいかなければ「お守り」しない。奸佞首相の「信ずるところ」は、こんな「社会像」にある。

❖二つのリストだった所信表明演説

所信を一つしか表明しなかった所信表明演説の他の部分にあったものは何か。それはリストであった。2種類のリストである。

リストその1が、「これまでやって来たこと」リストである。あれをしました。これもしました。こんなことを成し遂げました。2012年の政権交代以降にやったこと諸々が演説の随所にちりばめられている。ざっと列記すれば、次の通りだ。

「円高・株安からの脱却。人口減少下の雇用創出。土地価格の上昇実現。ふるさと納税の導入。インバウンドの4倍化。農産物輸出増後押し。待機児童減。ダムの洪水時利用に関する縦割り行政の弊害打破」

リストその2が、「これからやって行くこと」リストだ。コロナ対応関連を外した上で、これも項目を列記すればざっと次のようになる。

「デジタル化をはじめ大胆な規制改革の実現。各省庁や自治体の縦割り打破。マイナンバーカードの普及加速。そのための保険証とマイナンバーカードの一体化推進。運転免許証のデジタル化。小中学校におけるオンライン教育の拡大。テレワークやワーケーションの後押し。医療・保健分野のサプライチェーン強化。経済と環境の好循環の実現。2050年のカーボンニュートラル化を目指した脱炭素社会の実現。経済成長につながる温暖化対策の実現。観光需要の回復実現。中堅中小企業への大企業経験者の送り込み。日本の国際金融センター化。成長のためのコーポレートガバナンス改革。待機児童の解消。男性の育児参加推進。不妊治療への保険適用。オンライン診療の恒久化。地方活性

化。社会保障改革。国土強靱化。携帯電話料金の引き下げ。既得権益の排除。前例主義の打破」

この第2リストは、スカノミクス親爺がお買い物籠《かご》に取り込もうとしている品々のショッピングリストだと言っていいだろう。なぜ、これらのものが欲しいのか。これらの食材を使ってどんなお料理をつくろうとしているのか。レシピはあるのか。この辺の解明が次章の課題だ。

それはそれとして、ここで少し考え込んでしまう。一つの所信と二つのリストで構成されたこの演説を、「所信表明演説」として記録に残してしまって本当にいいのだろうか。

所信表明演説は、日本の政治と政策の最高責任者が、国民に向かって自分の思いを語り、ご理解をお願いするために行うものだ。その思いに従って国民に奉仕していくことに対して、国民のお許しをいただく。それが所信表明演説の場面だ。その意味で、所信表明演説には、次にみる施政方針演説にも増して、重みがあると言ってもいいだろう。施政方針演説は、政策方針を語るものだ。だから、ある程度まで、「あれをやります。これをやります」的であっていい面がある。むしろ、それが求められる性格のものだ。

だが、所信表明演説においては、それを語る者は、自分の拠って立つところ、主権者である国民のために果たそうとしている役割をまさに表明する義務がある。「自分はこのような思いを抱く人間でございます。どうぞよろしくお願いいたします」そのように言わなくてはならない。「自助・共助・公助」を振りかざしながら、ショッピングリストを提示するだけでは、所信表明にはならない。

❖雑談だった施政方針演説

妊佞首相初の施政方針演説は、2021年1月18日、慣例通り通常国会の冒頭で行われた。所信表明演説がショッピングリストなら、こちらの方は、ほぼ雑談だった。ずさんな言葉がずさんに並んでいた。

いや、並んでいたとはいえない。転がっていたと言った方がいい。このテーマなら、この言葉は使っておかないといけない。そう思われる言葉を適当にかき集めて、適宜、放り出す。そんな作業の結果があの雑談になった。そう思った。コメントを求められたこともあり、敵情視察のためもあって全文を読んだが、何とも間延びのした時間に付き合わされた。

雑然として散漫な印象になったのは、無理やりに所信表明演説との差別化を図ろうとしたからではないか。そう推察する。所信表明演説がまともな所信表明演説ではなく、ショッピングリストになってしまった。だから、前述の通り「あれをやります。これもあります」的であることがそれなりに容認される施政方針演説で、新鮮味を出すことができなくなった。それでも、全く同じことを繰り返すわけにはいかない。そこで、ショッピングリストの合間に、新たな項目を入れ込んだ。それらは、リスト型所信表明演説時点から施政方針雑談の当日までの間に、時事性を帯びた項目だと考えられる。次のようなものだ。

・暮らしの安全・安心を確保します。ストーカー規制法を改正し、違反行為をGPS（衛星利用測位システム）による位置情報の取得にも広げます。銃刀法を改正し、クロスボウ（ボーガン）の所持を禁止し、許可制とします。

・ネット通販トラブルの増加を踏まえ、デジタルプラットフォーム企業に対し、違法商品、危険商品の出品停止を求めます。SNSの誹謗《ひぼう》中傷について、発信者情報の開示命令などの裁判手続きを整備し、被害者の迅速な救済につなげます。

・NHKについては、業務の抜本的効率化を進め、国民負担の軽減に向け放送法の改正をします。これにより、事業規模の1割に当たる700億円を充て、月額で1割を超える思い切った受信料の引き下げにつなげます。

およそ何の脈絡もなく、これらの記述が出現する。前後関係が解らない。実に唐突感がある。だから、雑談感が出てしまうのである。雑談なら、話があっちやこっちに飛んでも、それなりに許される。「そう言えば」という切り出しで、「どう言えば」なのかがよく解らないまま、話題が変わったり行きつ戻りつしたりするのは、雑談ならではの面白さだ。だが、一国の政策責任者の政策方針を披露する場面がこうなってしまうのは、とんでもないことだ。

❖愛されるより恐れられたい

ひょっとすると、奸佞首相は、これら二つの重要演説を行うことがかなり嫌だったのではないだろうか。やりたいことは決まっている。絶対権力を絶対的に確立するために、実益が上がることをずんずん進めて行くことだ。そのためのショッピングリストについて、いちいち、国民に説明するという手続きは、本音を言えば省きたい。それをすれば、筆者のような不心得者が出てきて、中身を滅多切りにしようとする。人気取りのためのアピールは必要だが、できれば、あまり手の内を見せたくはない。そんな心境が、二つの演説に滲み出ていたように思う。

思えば、ここにも奸佞首相のマキャベリ愛が表れていると言えそうだ。前出の通り、『君主論』の中で、マキャベリ先生は「**愛されるより恐れられる方が安全だ**」と言っている。確かに、これはそれなりに理屈の通った考え方だ。愛される者は、愛してくれる者たちに振り回される。だが、恐れられる者は恐れる者たちを言いなりにできる。これぞ、恐怖政治の論理だ。

所信を表明したり、施政方針を提示したりするということは、愛されたい者がすることだ。謙虚に懸命に、自分の信念を語る。皆さんのために何をしようと考えているのかを全面開示し、これでよろしいでしょうかとお伺いを立てる。こんなことは、愛されるよりは恐れられる方が安全だと考える者のすることではない。こんなことをすれば、マキャベリ先生に叱られる。「**説明責任**」は、**愛されるよりも恐れられることを選択した者にとって、無用の長物でしかあり得ない**。この思いが強く働いて、あの二つの奇妙な演説ができあがったのではあるまいか。

関連でさらに言えば、「愛されるより恐れられよ」論について、マキャベリ先生は次の通り注意を喚起している。

「恐れられるに当たって、君主は、愛されないとしても、嫌われることは避けなければいけない。恐れられることと嫌われないことは充分に両立する」

そして、嫌われないためには、君主は臣民の財産や女に手をつけてはいけないと言っている。このアドバイスに関する論評は差し控えるとして、「恐れられても嫌われるべからず」は、奸佞感覚からすれば、これまたそれなりに筋が通っている。憎悪あるところに力ありだ。君主に対する嫌悪感が募り、憎悪が恐怖を凌ぐところまでいけば、そこに体制転覆のエネルギーがみなぎる。絶対権力者としては、これは絶対に避けなければならない。

「恐れられても嫌われない」というポジション取りはなかなか面白い。第1章でみた奸佞首相の「見た目仮面」は、このポジションを狙って作られたものかもしれない。

いずれにせよ、二つの演説の検討を通じて、スカノミクスのおよその骨格と体質が見えてきた。それを踏まえて、次章ではスカノミクス親爺のショッピングリストの具体的な中身に踏み込んでいく。このショッピングリストをどう読むか。それが次章の課題である。

第3章　スカノミクスの「ショッピングリスト」を点検する

1 ショッピングリストの重点項目

❖ショッピングリストの項目別格付け

本章では、スカノミクスのショッピングリストの包括点検を試みる。二つのリストだった所信表明演説と雑談だった施政方針演説が主要材料だ。一部、新聞報道などで補強している。前章と同様、コロナ対策関連項目は、ひとまず検討から除外した。話の筋道が錯綜《さくそう》するのを避けるためである。ただ、スカノミクス的思考の核心部分に関わると考えられる場合には、コロナ対策にも注目する。

作業を進める中で、なかなか面白いことがみえてきた。このショッピングリストの中身には、明らかに格付けの違いがある。諸項目がランク付けされているのである。まずは、スカノミクス親爺がなんとしてでも手に入れたいと考えている「**重点項目**」がある。それらについては、両演説とも、かなりの字数を割いて目指すところを語っている。

「重点項目」に次ぐ位置づけを与えられているのが、「**義務的項目**」というべきテーマだ。必ずしも気乗りはしないが、状況としては取り上げないわけにいかない項目である。

さらにもう二つ、目を向けておかなければならない項目セットがある。それが、「**いやいや項目**」と「**不在項目**」である。

「いやいや項目」は、全く気乗りがしないが、全く無視するわけにもいかないから、やむをえず放り込んである項目だ。「不在項目」は、スカノミクスのショッピングリストの中に、登場しない項目だ。今の状況下で、当然、重点項目の中に含まれるべきだと考えられるのに、どこにも姿を現していないテーマである。不在であることで、目立っている。こっちを向けと叫んでいる。そんなテーマだ。それらの項目の不在自体が、スカノミクスのショッピングリストの性格を我々に示してくれている。当然、焦点を当てておかなければならない。本章後段の課題だ。

❖重点項目の狙い別分類

明らかに「重点項目」にランクされていると考えられるテーマを抽出すれば、次のようになる。各項目のネーミングは筆者のものだ。カッコ内の◎は、二つの演説のいずれでもリストアップされていることを示している。○はどちらか一方のみで言及しているアイテムで、ご覧の通り、このケースは（9）の②しかない。だが、スカノミクス的感性との関係では、かなりの重みを有していると思われる。重要項目から外すわけにはいかない。この点については後述する。

（1）　規制改革と縦割り行政の打破（◎）

(2) マイナンバーカードの普及促進（◎）
(3) 広範なデジタル化の推進（◎）
(4) 携帯電話料金値下げ（◎）
(5) 成長のためのグリーン化推進（◎）
(6) 成長のためのコーポレートガバナンス改革（◎）
(7) 不妊治療への保険適用（◎）
(8) 目指すは国際金融センター（◎）
(9) 脱東京一極集中（◎）
①そのための地域中堅・中小企業への人材派遣（◎）
②そのための地域金融機関の経営基盤強化、統合支援（○）
(10) 観光立国再び（◎）

いずれも、スカノミクスの親爺にとって圧倒的に優先順位が高いと思われるが、これらのアイテムをじっと眺めていると、それぞれの目指すところ別に組み分けをすることが可能なように思えてきた。ざっくり言って、三つのグループに分類することができそうだ。それぞれを、これまた筆者流にネーミングすれば、次の通りだ。カッコ内に、各群に属する個別アイテムの番号を示した。順次、みていこう。

第1グループ：権力集約目的群（(1)～(4)）
第2グループ：成長経済確保群（(5)～(8)）
第3グループ：地方の自助・共助力強化群（(9)、(10)）

❖権力の一元集約を目指して

まずは第1グループの権力集約目的群である。(1)の規制改革と縦割り行政の打破は、まさに、行政を仕切る諸々の手綱を、自分の手元にぐいと手繰り寄せることが狙いだ。人事権は、チームアホノミクス時代に既にしっかり掌握している。今度は、日頃の行政実務とそれを支える仕組みに踏み込んで、集権的な政策展開を可能にする体制を確立する。

それを狙っている。規制改革と縦割り行政打破が、セットになっているところが眼目だ。

意気込みのほどが、フットワークの前掛かり度にも表れている。2020年9月17日、就任2日目の妍佞首相の意向を受けて、河野太郎行政改革担当相が自分の公式サイトに「行政改革目安箱（縦割り110番）」を設置した。スピード感もさりながら、行革目安箱の別名が「縦割り」に関する緊急連絡ナンバーだという点も注目どころだ。**行革とはすなわち中央集権の確立なり。その意気込みが滲み出ている。**

（2）のマイナンバーカードの普及促進と（3）の広範なデジタル化の推進については、多言を要しないだろう。情報の集約と管理監視体制の強化が狙いだ。いずれも、国民にとっての利便性の向上と行政サービスの提供力アップのためだという形をとっている。確かに、オンライン化の進展に効用があることは事実だ。コロナ感染の脅威の中でも、何とか教育体制を確保できる。オンライン診療の体制が整うことは、我々にとって安心材料だ。テレワークをサポートするインフラ構築に政策が気を配ることは重要だ。

だが、これらのことを前面に押し出してきているのが、ほかならぬ奸佞首相だということは、片時も忘れてはならない。

現に、言葉は正直だ。施政方針雑談の中で、奸佞首相は次のように言っている。

「デジタル庁の創設は、改革の象徴であり、組織の縦割りを排し、強力な権能と初年度は3千億円の予算を持った司令塔として、国全体のデジタル化を主導します」

「**強力な権能**」が付与され、「**司令塔**」として動く。それがデジタル庁に託された使命なのである。「権能」という言葉、いかにもマキャベリ先生がお好きそうである。なお、ここにも縦割り排除への言及が出てくる。奸佞首相にとって、デジタル化の推進は権力集約願望と固く結びついているのである。マイナンバーによる国民情報の一括管理体制の確立は、デジタル化による権力集約と実に相性のいい相棒だ。

携帯電話料金値下げが権力集約目的群に入っていることについては、違和感を抱かれる読者がおいでになるかもしれない。どう考えても、これは人気取りという「実利」狙いだろう。庶民の味方で、「皆さんにとって当たり前」なことの実現を目指す親爺だという印象の刷り込み効果を期待してのことだろう。そう思われる向きは多いかと思われる。もちろん、この側面もあるだろう。

だが、ここで読みを止めてしまったのでは、ちょっと甘いように思う。これでは、「見た目仮面」男の思う壺かもしれない。なぜなら、携帯料金値下げで妍佞首相とせめぎ合っているのは、NTTドコモ・KDDI・ソフトバンクという通信の世界の巨人たちだ。彼らに言うことを聞かせるという剛腕ぶりには、確かに妍佞首相の力量を示す宣伝効果という実利があるだろう。だが、それだけでもなさそうだ。

この3社が生息しているデジタルと通信の交点の世界は、21世紀において、マキャベリ先生のお眼鏡に適うような「国家力」を手に入れたいと思えば、どうしても支配下におさめておかなければいけない世界だ。次にみる第2グループの成長経済確保群とも密接な関わりを持つ分野だ。現に、奸佞首相の施政方針雑談の中には、次のくだりがある。

「ポスト5G、6Gを巡る国際競争が過熱化する中、官民を挙げて研究開発を進め、通信規格の国際ルールづくりを主導し、フロントランナーを目指します」

この中の「官民挙げて」の体制の中に、通信大手三人組をしっかり取り込んで行く。この辺の思惑が、携帯電話の料金値下げというテーマの背景に見え隠れする。それを見透かして、三人組側が「ポスト5G、6G」に照準を当てた政策サポートを期待している面がありそうだ。逆に奸佞首相の方から、その辺はしっかり対応してあげるから、携帯電話の方はひとつよろしく、と言っているかもしれない。**こうした駆け引きの中で、次第に三人組を権力集約の構図の中に引き込んでいく。**このシナリオが見えてくる。そこに、大きくカネが動く気配を感じる。21世紀のハイテク分野を巡って悪代官と越後屋が駆け引きを始めようとしている観がある。

❖グリーン化は成長のため

第2グループの成長経済確保群に進もう。何ともびっくりするのが、(5)成長のためのグリーン化推進と、(6)成長のためのコーポレートガバナンス改革だ。

まず、成長のためのグリーン化推進について考える。奸佞首相は、

「我が国は、2050年までに、温室効果ガスの排出を全体としてゼロにする、すなわち2050年カーボンニュートラル、脱炭素社会の実現を目指すことを、ここに宣言いたします」(所信表明)

「2035年までに、新車販売で電動車100%を実現いたします。(中略)**CO_2(二酸化炭素)吸収サイクルの早い森づくりを進めます」**(施政方針)

などと、各種の実に意欲的なグリーン化目標を掲げている。

そのこと自体には、特に文句をつける筋合いはない。地球温暖化防止は、トランプ前米国大統領が何と言おうと、待ったなしだ。しっかりした現状認識を持っている政策責任者なら、経済社会の「緑化」は、当然、意欲的に取り組まなければいけない喫緊の課題だ。

だが、このテーマへのスカノミクス的アプローチには、一つの大きな問題がある。それが、前記の通り、グリーン化への対応を「成長のための」取り組みとして位置づけている点である。この点において、奸佞首相は実に明確だ。まずは、次のように言っている。

「菅政権では、成長戦略の柱に経済と環境の好循環を掲げて、グリーン社会の実現に最大限注力してまいります」（所信表明）

「○○と○○の好循環」という言い方は、チームアホノミクスから受け継いだものだ。チームアホノミクスは、まず「成長と富の創出の好循環」を生み出すと宣言するところからスタートを切った。民主党政権下の「縮小均衡の分配政策」をかなぐり捨てて、拡張主義路線をひた走ろうというわけだった。ところが、これが少々受けが悪くなってきたとみるや、「成長と分配の好循環」という言い方に切り替えた。「縮小均衡の分配政策」批判を展開していた者たちの変わり身のちゃっかり度にびっくりしたものである。

そして、今度は「**経済と環境の好循環**」になった。この好循環論には、何とも強い違和感を覚える。なぜなら、今日の地球環境の危機は、地球経済の走り過ぎがもたらしたものだ。地球経済があまりにも多くのエネルギーを消費し、あまりにも多くの温暖化ガスを排出してきた。だから、地球の調子が狂った。地球環境が耐えられる領域を超えて、地球経済が膨張してきた。地球経済が地球をはみ出した。そのことが、厳しい異常気象の出現をもたらしている。これが、今日的現象の問題点だ。

それなのに、経済と環境の好循環という言い方をするとは、どういう神経か。今は、環境のために経済を調整しなければいけない時だ。ところが、「**経済と環境の好循環**」を何と、「**成長戦略の柱に掲げ**」るというのである。あくまでも、「成長戦略の柱」として、「**グリーン社会の実現に最大限注力してまいります**」なのである。

奸佞首相は、さらに次のように続けている。

「**もはや、温暖化への対応は経済成長の制約ではありません。積極的に温暖化対策を行うことが、産業構造や経済社会の変革をもたらし、大きな成長につながるという発想の転換が必要です**」（所信表明）

これには、誠にたまげる。温暖化に歯止めをかけるために、いかにして、経済成長を無理なく制限するか。それが問われているのに、さらに一段と「大きな成長につながる」ことを目指して「**積極的に温暖化対策を行う**」のだという。気は確かかと思えてくる。

次のくだりもある。

「環境関連分野のデジタル化により、効率的、効果的にグリーン化を進めていきます。世界のグリーン産業をけん引し、経済と環境の好循環をつくり出してまいります」（所信表明）

もう一つのご執心アイテムであるデジタル化も駆使し、「グリーン産業」に経済成長をけん引する役割を果たさせようとしている。「グリーン産業」には、地球環境の改善のために働いてもらわなければならないのである。成長けん引役を無理やりに担わされてはたまらない。

「成長につながるカーボンプライシングにも取り組んでまいります」（施政方針）

というものある。成長につながらなければ、カーボンプライシングには関心無し、ということらしい。

さらには、次の通りだ。

「世界的な流れを力に、民間企業に眠る240兆円の現預金、更には3千兆円とも言われる海外の環境投資を呼び込みます。そのための金融市場の枠組みもつくります。グリーン成長戦略を実現することで、2050年には年額190兆円の経済効果と大きな雇用創出が見込まれます」（施政方針）

とうとう、**「グリーン成長戦略」**という言葉が飛び出してきた。これには軽いめまいを覚える。

確かに、新しい分野での新しい試みは、結果的に経済成長効果をもたらす面がある。だが、それはそれだ。予め成長効果を狙ってグリーン化を進めるというのは、いかにも本末転倒だ。むしろ、無理のあるグリーン化構想が成長効果をもたらしても、そのことで環境への負荷がかえって高まるという皮肉な展開がないのか、慎重に吟味を心がけるのが筋ではないのか。

❖ガバナンスも成長のため

コーポレートガバナンスに関して示された方向感も、実に奇異なものだ。妍佞首相いわく、

「コーポレートガバナンス改革は、我が国企業の価値を高める鍵となるものです。更なる成長のため、女性、外国人、中途採用者の登用を促進し、多様性のある職場、しがらみにとらわれない経営の実現に向けて、改革を進めます」（所信表明）

「さらなる成長のため」にコーポレートガバナンス改革を進めるという発想が解せない。

企業の内部統治の強化が必要になるのは、企業があまりにも成長や収益に固執し過ぎて倫理性を見失いそうになる場面においてではないのか。

そもそも、コーポレートガバナンスという概念が世界的に大きくクローズアップされ始めたのは、21世紀初頭辺りからのことだ。グローバル競争の中で、企業が我を忘れて儲け至上主義に走る。集客力と収益力強化のためには不正をも辞さずという心理に陥っていく。そうした悪しき流れに歯止めをかけようとする動きの中で、コーポレートガバナンスとCSR（Corporate Social Responsibility: 企業の社会的責任）が企業行動を巡る論議の焦点に躍り出たのである。

倫理感と規律ある経営の結果、企業の成長力と収益性が高まるということはあるだろう。だが、これもまた、あくまでも結果だ。コーポレートガバナンス強化の本来の目的は、企業がその居ずまいを正せる方向に、経営者たちを誘導していくことにある。だからこそ、「多様性のある職場、しがらみにとらわれない経営の実現」を目指すのである。

筆者はそう確信する。だが、妍佞首相の考え方は随分と違うようである。

ここまで書き進んできて、ふと気がついたことがある。妍佞首相の二つの演説（のようなもの）は、あくまでも「コーポレートガバナンス改革」という表現に徹している。**「改革」である。「強化」ではない。**筆者は、コーポレートガバナンスの改革が必要だと言われれば、それは甘さが目立ったり、知らず知らずのうちにルーズになってしまったりしているコーポレートガバナンスの立て直し、すなわち強化だというふうに思う。

だが、ひょっとすると、妍佞首相の認識はそうではないのかもしれない。彼にとっては、改革＝強化ではないのかもしれない。企業にとって窮屈で成長制約となるコーポレートガバナンスを、収益力アップにつながる方向に「改革」する。そういうことなのかもしれない。

思えば、この辺りはチームアホノミクスが「日本の稼ぐ力を取り戻す」という掛け声の下に、「攻めのガバナンス」を掲げていた構えに通じるところがあるのだろう。

アホ・スカ二人組の目指すところは、企業がその社会的責任をより良く果たすためのコーポレートガバナンス強化ではない。企業がその稼ぐ力をより強くするためのコーポレートガバナンス改革なのである。彼らが関心を寄せてきたのは、まさに成長戦略としてのコーポレートガバナンスだったのである。これだから、言葉には細心の注意が必要だ。危うく、奸佞男に騙《だま》されるところだった。

❖産めよ増やせよ、カネとヒトを引き寄せよ

成長経済確保群の残り二つのテーマが「不妊治療への保険適用」と「目指すは国際金融センター」だった。

不妊治療への保険適用の方は、それを求め、歓迎される皆さんの思いが解るだけに、あ

まり悪口を言いたくはない。だが、どうもスカノミクス的脈絡の中で考えると、これが「産めよ増やせよ」の大号令のように見えてしまう。現に、奸佞首相いわく、

「年間で5万7千人のお子さんが、不妊治療により生まれています」（施政方針）

少子化は成長経済の天敵だ。それを食い止めるために、より多くの人々により多く産んでもらおう。どうも、この一行にこの思いが滲み出ているように思われる。まさか、保険適用した後に、不妊治療を国家に対する国民の義務に「格上げ」しようという魂胆ではあるまいな。ふと、そのように思ってしまう。

日本の国際金融センター化について、二つの演説は次のように言っている。

「海外の金融人材を受け入れ、アジア、さらには世界の国際金融センターを目指します。そのための税制、行政サービスの英語対応、在留資格の緩和について早急に検討を進め

ます」（所信表明）

「国際金融センターをつくることも、長い間言われてきたことです。日本には、良好な治安と生活環境、1900兆円の個人金融資産といった大きな潜在性があり、金融を突破口としてビジネスを行う場としても魅力的な国を目指します」（施政方針）

ヒトとカネを世界中から日本に引き寄せようというわけだ。そのことに伴う成長効果に大いに期待を寄せているということである。

「成長のためのグリーン化」の中で既にみた通り、「グリーン成長戦略」の実現に向けて、「3千兆円とも言われる海外の環境投資を呼び込みます。そのための金融市場の枠組みもつくります」

という言い方もしている。国際金融センター化には、「グリーン成長戦略」のための資金呼び込み効果も期待されているのである。

❖大きくして強くする

重点項目の第3グループが「地方の自助・共助力強化群」であった。このグループに入る項目が「脱東京一極集中」と「観光立国再び」である。これらのことを通じて、地方になるべく公助の手を差し伸べないで済むようにする。それが奸佞首相の魂胆だと、筆者は推察する。

「脱東京一極集中」については、敢えて、①・②という形で詳細項目を書き出した。この二つがとても気になるからである。①の「地域中堅・中小企業への人材派遣」について、所信表明演説は次のように言っている。

「大企業で経験を積んだ方々を、政府のファンドを通じて、地域の中堅・中小企業の経営人材として紹介する取組を、まずは銀行を対象に年内にスタートします」（所信表明）

施政方針雑談の方にも、一語一句、ほぼ同様の文章がある。違うのは時制だけだ。所信表明で「年内にスタートします」と言っている取り組みが実際に銀行を対象に始まったと報告している。その上で、対象業種を向こう3年拡大するのだと言っている。

これは、一体何だろう。大企業風を吹かせる「人材」を様々な固有事情を抱える地域の中堅・中小企業に送り込むことが、どれほど、本当に彼らの助けになるのだろうか。

どこまで、彼らの地域貢献力を高めることにつながるのだろうか。**「大企業で経験を積んだ方々」**という言い方は年配者を示唆している。年の功は貴重ではある。だが、長らく大企業の経営環境に浸ってきた年配者たちは、どこまで、地域密着型の中小企業が当面している諸問題を深く理解することができるだろうか。どうも、大企業経験者を「経営人材」として地域の中小企業に送り込むという言い方には、中小企業に対する「上から目線」を感じる。**大企業のように強くなれ。大企業並みの自助力を身につけろ。公助**

に頼らずにすむようになれ。そのために、大企業経営者のご指導を仰げ。このように言っているように聞こえる。

首をかしげていると、かなり気になる関連情報に行き当たった。スカノミクスの狙いの中に、どうも**「中小企業の大企業化」**という目論見が含まれているようなのである。この発想の出どころは、奸佞首相の知恵袋の一人である小西美術工藝社のデービッド・アトキンソン社長だ。

2020年12月1日、政府の「成長戦略会議」が開催された。この日の会合では、当面の経済政策の方向性を定める「実行計画」が取りまとめられた。奸佞首相の施政方針雑談は、この「実行計画」を踏まえて書き上げられたものだと考えていいだろう。「実行計画」の策定に向けて、「成長戦略会議」の議論は、日本の中小企業の労働生産性を引き上げることが成長戦略上の差し迫った課題だというところに収斂《しゅうれん》する展開になった。このテーマについて、アトキンソン氏が「生産性を上げるために十分な企業規模まで各社の成長を促進する政策に切り替えるべきだ」と訴えたのだという（日本経済新聞 2020年12月2日付）。

地域密着型の経営を続けてきた中堅・中小企業を無理やり大企業化させ、生産性を上げさせる。それに奏功すれば、彼らの自助力が高まるから、彼らを支えるための公助は必要なくなる。その上、彼らの生産性上昇が日本経済全体としての成長力アップにもつながる。一石二鳥！ いかにもスカノミクスらしいロジックだ。

そこには、地域経済やそれを支える中小企業に支援の手を差し伸べるという発想がない。強い国家の下支え役になれるよう、中小企業を鍛え直す。そのために、「大企業で経験を積んだ方々」を差し向けるというわけだ。

「脱東京一極集中」の②が「**地域金融機関の経営基盤強化、統合支援**」である。このテーマについては、施政方針雑談の方で次の通り言及されている。

「地域の経済の核となる地域金融機関の経営基盤を強化することとし、統合などの支援を日本銀行とも連携しつつ進めます」（施政方針）

所信表明の方には地銀への言及はない。だが、就任早々の記者会見の折、奸佞首相は「**地方の銀行について将来的には数が多過ぎるのではないか。再編も一つの選択肢になる**」と言った。地銀再編への思い入れはかなり強そうである。中小企業への大企業経験者の送り込みが彼らの自助力アップ策なら、地域金融機関の「統合などの支援」は、地域ベースの共助力アップ策だと考えられる。

地域金融機関の体力強化は、確かに地域経済の下支え要因として重要だ。だが、再編**や統合が進む中で懸念されるのは、弱者の切り捨てだ**。統合する以上、それに伴う収益力アップは確実でなければならない。それを保証するためには、経営基盤の弱い企業とのお付き合いはほどほどにしておかないといけない。そのような心理が、スカノミクスに「統合などを支援」される地域金融機関の中に広がれば、彼らは有力企業との関係形成ばかりに邁進《まいしん》し始める恐れがある。**その結果、例えば、地域経済内のサプライチェーンの安定確保の観点から不可欠の企業を冷遇するというような事態が発生しかねない。それでいいのか。**

結局のところ、①と②はセットになっている。いずれについても、キーフレーズは「大きくすることで強くする」なのだろう。小さくて多様な能力とニーズを持つ地域密着型諸企業の存在を否定する。そのような諸企業をきめ細かく支える群小地域金融機関の存在も否定する。集約と大型化を通じて効率と生産性を引き上げる。そのことで、スカノミクスの成長戦略への地域の貢献度を高める。それと同時に、地域への公助の必要性を引き下げる。これがスカノミクスの戦略なのだと考えられる。

❖どうしても「Go To トラベル」

「観光立国再び」への二つの演説の言及は次の通りだ。

「新しい日常においても旅は皆さんの日常の一部です。日本に眠る価値を再発見し、観光地の受入れ環境整備を一挙に進め、当面の観光需要を回復していくための政策プランを、年内に策定してまいります」（所信表明）

「わが国には内外の観光客を惹きつける『自然、気候、文化、食』が揃っており、新型コロナを克服した上で、世界の観光大国を再び目指します」（施政方針）

施政方針の方には、この他にも「全国100程度の地域で、街中に残る廃屋を撤去し、魅力ある施設へとリニューアル」、「国宝・重要文化財級の美術品の地方貸し出し」、「日本酒・焼酎などのユネスコ無形文化遺産への登録を目指す」等々、各種の具体策も盛り込まれている。かなりの気合いの入れ方である。

ここで気になるのが、所信表明の方の「**新しい日常においても旅は皆さんの日常の一部です**」という言い方だ。これが、どうしても、かの「Ｇｏ Ｔｏ トラベル」を連想させる。

このキャンペーンは現在停止中だ（２０２１年3月19日時点）。ご承知の通り、医療関係者から、この施策がコロナの感染拡大を助長しているという指摘があったからである。世論の批判も高まり、妊佞首相政権への支持率急落につながった。そうした中で、２０２０年12月14日に、停止の判断が出た。「ようやく」感の強い停止判断だった。

コロナの猛威が勢いを増す中でも、なお、我々に旅をさせることに固執する。この感性が前出の「**新しい日常においても、旅は皆さんの日常の一部**」という言い方につながっていると感じる。停止判断後に行なわれた施政方針雑談の中には、さすがに「Ｇｏ Ｔｏ トラベル」への言及はない。だが、所信表明の方では、次のように言っている。

「Ｇｏ Ｔｏ キャンペーンにより、旅行、飲食、演劇やコンサート、商店街でのイベントを応援します。これまで、延べ２５００万人以上の方々が宿泊し、感染が判明したのは数十名です」

ご覧の通り、必死で「Ｇｏ Ｔｏ」をかばい、その感染拡大効果を否定しているのである。

この旅への執着振り。その背後には何があるのか。背後にあるのは背後霊だ。「序章」でも申し上げた通り、妍佞首相の後ろには、常に二階俊博自民党幹事長の姿が透けてみえている。そして、二階氏は長年「全国旅行業協会」の会長を務めている。彼は運輸観光分野の族議員たちの大ボスなのである。これ以上、何も言い加える必要はないだろう。

コロナ下の観光地への支援は、休業要請と資金援助の組み合わせを短期集中的に徹底して実施するのが筋だろう。だが、それだと公助になってしまう。だから、人々に旅をさせる。これまた、実にスカノミクスらしい論理だ。

2 ショッピングリストの義務的項目

❖義務的項目の気乗り薄度順位

妊佞首相の所信を一つしか表明しなかった所信表明演説にも、雑談だった施政方針演説にも、嫌々ながら改めて熟読してみると、それなりのグラデーションはある。明らかに前のめりで語っている重点項目に対して、いかにも「これもちゃんと言いました」的アリバイ作りのために、入れ込んであるとおぼしき項目がある。前述の「**義務的項目**」だ。

そして、義務的項目の中にも、またグラデーションがある。できればアリバイ工作的にでさえ入れたくない。だが、そういうわけにもいかない。だから、なるべく目立たないよう、あっさり、ひっそり出しておく。そういう雰囲気のいわば「いやいや項目」を発見してしまった。発見されたくなかっただろう。

ここで、スカノミクスのショッピングリストの義務的項目を、義務感が強い、つまり気乗り薄度が高いとみられる順に並べてみた。すると、次のようになった。

(1) 社会保障
(2) 男女共同参画
(3) 待機児童解消
(4) 国土強靭化

この順位づけは、二つの演説の書き振りに基づく筆者の判断に基づくものだ。したがって、客観性が確保されているとは到底言えない。定量的な裏づけがあるわけでもない。

だが、この感触は、やはり皆さんと共有しておきたい。なお、この中には「いやいや項目」は入っていない。「いやいや項目」については、「不在項目」との関わりで後述する。

❖ 公助嫌いは社会保障嫌い

社会保障が気乗り薄ランキングのトップに来たことには、我ながら驚いた。本当にそうかと思って、改めて確認した。だがやはり、この位置づけは揺るぎそうにない。

まず、所信表明の方をみれば、社会保障への言及は何と1か所しかない。

次の通りだ。

「全ての世代の方々が安心できる社会保障制度を構築し、次の世代に引き継いでまいります」

何とも、あっさりしたものだ。チームアホノミクスから継承した「全世代型社会保障」を大和言葉風に言い換えただけである。これでは、限りなく「いやいや項目」に近いと言わざるを得ない。

施政方針の中では、どのような扱いになっているだろう。社会保障という言葉の初出の場面での書き振りは次の通りだ。

「高齢者をはじめ、誰もが安心できる社会保障制度をつくり、未来を担う子どもたちや若者のための政策を進めます」

まず、この文章はそもそも悪文である。文章内での脈絡がみえない。前半の「**高齢者をはじめ、誰もが安心できる社会保障制度をつくり**」と、後半の「**未来を担う子どもたちや若者のための政策を進めます**」の関係が解らない。

後半は、社会保障のことを言っているのだろうか。どうもそうではなさそうだ。全世代型の社会保障制度はつくる。それはやるが、それはさておき、若者たちのための政策に力を入れたい。そう言っているように読める。これが正しい理解だとすれば、社会保障は随分と軽く扱われたものである。いずれにせよ、こんなに曖昧な文章を書いているようでは、大学院の論文審査で不合格になるので、念のために忠告申し上げておく。

さらに言えば、この文章の次に来る展開が驚きだ。次のように言っている。

「まずは、次の成長の原動力をつくり出します。それが、『グリーン』と『デジタル』です」

社会保障の話はもうこれでいいと言わんばかりに、「成長・グリーン・デジタル」というスカノミクスの一番人気3点セットにさっさと話を移してしまっているのである。やっぱり、社会保障への乗り気度は相当に低い。

それでも、社会保障をそれなりに本格的に取り上げているセクションが、あるにはある。それが「五　少子化対策と社会保障の将来」である。ただ、このセクションの後には、「六　外交・安全保障」と「七　おわりに」しかない。社会保障は、「成長・グリーン・デジタル」の3点セットに押されて、かなり後回しになった観がある。しかも、少子化対策と一絡《から》げにされてしまっている。独立テーマとして扱われていない。

さらに、少子化対策と社会保障のそれぞれに割かれている字数を見れば、少子化（子育て支援）797文字、社会保障519文字だ。少子化に社会保障の約1・5倍の文字数を割いている。

しかも、である。社会保障に関する言及の大半は、実は「社会保障改革」に関するものだ。要は社会保障費をどう節約していくかという話なのである。後期高齢者の医療費負担割合の引き上げ、薬価改定方式の変更による薬価引き下げと国費負担減、医療・介護分野のデジタル化やロボット導入による生産性向上等々だ。社会保障の生産性向上には関心があっても、サービスとしての質的向上には関心が向かないようである。

妊佞首相は、どうして社会保障というテーマにかくの如く冷たいのか。答えはすぐに出る。社会保障は公助そのものだ。自助・共助では、社会保障はどうにもならない。だから、この毛嫌い振りは当然である。

❖女性蔑視男の友は男女共同参画嫌い

「男女共同参画」と「待機児童解消」の気乗り薄度順位は微妙だ。まとめて気乗り薄度第2位に位置付けてもいいだろう。

ただ書き振りのそっけなさという意味では、やや「男女共同参画」の方が上を行っているといいえそうだ。次の通りである。

「全ての女性が輝ける社会の構築に向けて新たな男女共同参画基本計画を年末までに策定します」（所信表明）

「新たな基本計画」をつくることになっているから、それをやる。そう言っているだけである。「全ての女性が輝ける社会」という言い方も、アホノミクス用語のまるパクリに過ぎない。意気込みも意欲も感じられない。「縦割り打破！」と叫んでいるくだりとは、相当に熱量が違う。

施政方針の方は、次の通りだ。

「女性の登用拡大や女性に対する暴力根絶など、基本計画で掲げられた目標の達成に向けて全力で取り組みます。女性と男性が互いに尊重し合い、全ての女性が輝く令和の社会をつくり上げてまいります」

基本計画に書いてあることだから取り組む。やはり、この雰囲気が漂う。唐突に「令和の社会」という表現が出てくるのが不思議だ。奸佞首相が「令和おじさん」だからだろうか。言葉の使い方、選び方に誠意がない。

思えば、超女性蔑視男の森喜朗氏も、奸佞首相にとっては大事なお友達の一人だ。そのような交友関係がある人が、男女共同参画に熱が入らなくても、これまた当然である。

一方の待機児童解消については、いずれの演説でもそれなりに具体論を展開している。アホノミクス時代の「保育園落ちた、日本死ね」事件が響いているのかもしれない。多少とも、やる気を見せておかないとまずいことになりかねない。この恐怖心が働いて、待機児童問題に関する奸佞首相のアリバイづくりを少しばかり気合の入ったものにしたかもしれない。

❖縦割り打破男の国土強靭化好き

国土強靭化には、東日本大震災を忘れていないという素振りを示す観点から言及する必要がある。その後も自然災害が多発する中で、触れないわけにはいかない。だから、国土強靭化がスカノミクスのショッピングリストに義務的項目として入った。そのように判断した。ただ、これに関する奸佞首相の気乗り薄度は、他の三つの義務的項目に比べればかなり低いと考えられる。だから、第四位のポジションに配置した。

もしかすると、これは重点項目の中に入れておいても良かったかもしれない。なぜなら、このテーマは、スカノミクスの大眼目の一つである「行政の縦割り打破」に関係してくるからである。所信表明の中には、次のくだりがある。

「毎年のように甚大な被害をもたらす豪雨や台風への対策は、一刻の猶予も許されませ

ん。これまでは同じダムでも、水力発電や農業用のダムは洪水対策に使えませんでしたが、省庁の縦割りを打破し、全てのダムを活用することで、洪水対策に使える水量は倍増しました」

これは、菅首相の自慢話だ。従来、水害対策に利用できるのは国土交通省が所管するダムだった。経済産業省所管の水力発電用、そし農林水産省所管の農業用ダムは水害対策には使えないことになっていた。官房長官時代の菅首相は、台風シーズンに限って全てのダムを国交省の一元管理の下に置く体制を築き上げたのである。

このこと自体は、立派なことだと言えるだろう。だが、この方針に異を唱えたどれだけの官僚たちが「異動させていただく」扱いを受けたか少し気になる。所信表明の中では、

「省庁、自治体や官民の垣根を越えて、災害の状況を見ながら、国土強靱化に取り組み、

災害に屈しない国土づくりを進めてまいります」

とも言っている。今後とも、「縦割り打破」によって「国土づくり」に関する権限の集約を進めていくつもりらしい。これも、かなりマキャベリ先生に褒められそうな構想だ。強靭な国土を強権的に構築するというのは、実にマキャベリ先生が君主への教えとして展開しそうな論理だ。

3 ショッピングリストの「いやいや項目」と「不在項目」

❖無愛想にさりげなく出す「いやいや項目」

スカノミクスのショッピングリストの中で、「いやいや項目」に分類すべきだと考えられるアイテムを書き出してみると、次のようになる。

(1) 地方の所得を増やし、消費を活性化するため、最低賃金の全国的な引上げに取り組みます。(所信表明)

(2) 同一労働同一賃金など働き方改革を進めるとともに、就職氷河期世代について、働くことや社会参加を促進できるよう、個々人の状況に応じた支援を行います。(所

信表明）
（3）障害や難病のある方々が、仕事でも、地域でも、その個性を発揮して活躍できる社会をつくってまいります。（所信表明）
（4）児童虐待を防止するため、児童相談所や市町村の体制強化など対策を強化します。（所信表明）
（5）ひとり親家庭への支援など、子どもの貧困対策に社会全体で取り組みます。（所信表明）
（6）最低賃金は、雇用にも配慮しながら継続的な引上げを図り、経済の好循環につなげてまいります。（施政方針）

これら（1）～（6）は、いずれも、何とも無愛想でさりげなく、脈絡に欠ける形で演説の中に放り込まれている。できれば、読み落として欲しがっているという感じさえする。余計な尾ひれをつけることで、中心テーマがぼやけたり、趣旨が取り違えられたりすることを期待しているような雰囲気もある。実際に、敵情視察の鷹《たか》の目をもって読んでいないと、見落としてしまいそうな面がある。逆に言えば、鷹の目で凝視していると、見落とされたがっていることがかえって目立つ観がある。

なぜ、それほどまでに、これらが「いやいや項目」なのか。これらの文言の中のどこに、スカノミクスの感性とそこまで相いれない特性があるのか。そうした特性が三つあると思う。**弱者救済性、個別性、そして成長非貢献性である。**

❖最低賃金は成長のため

まず、(1)の「**地方の所得を増やし、消費を活性化するため、最低賃金の全国的な引上げに取り組みます**」についてみれば、最低賃金は、文字通り、弱者救済を目的としている。これが保障されなければ生存権が危うい人々、人権侵害的な働き方を強いられる人々を守るための施策だから、弱者救済性が極めて強い。社会保障制度と同様、これもまた、公助の塊だ。「自助・共助・公助」男としては、とても強く「いややや」したくなるアイテムだ。

「いやいや」だから、書き振りも斜に構えたものになっている。誰もがまともな暮らしができるようにするために、最低賃金の引き上げを目指すとは言っていない。最低賃金の引き上げは、「**地方の所得を増やし、消費を活性化するため**」に行うのだと言っている。経済成長につながるから、最低賃金の引き上げを目指すという理屈になっているのである。こんな屁理屈をつけなくとも、生存権は万人に保障されている権利だ。それが損なわれないようにするために、最低賃金を引き上げる。それが正論だ。

だが、「自助・共助・公助」男は口が裂けてもそれを認めたくない。さりとて、このテーマに全く言及しないのはまずい。しょうがないから、屁理屈まみれにして、そっと出す。弱者救済色を極力薄めて、成長貢献的な見せ方をしようとしている。

（6）の「**最低賃金は、雇用にも配慮しながら継続的な引上げを図り、経済の好循環に**

つなげてまいります」も同様だ。最低賃金の引き上げそれ自体を目的化したくない。最低賃金の引き上げは、あくまでも「経済の好循環」を確保するための手段の位置づけにしておきたいのである。弱者救済性を抑え込み、少しでも、成長貢献性を付与する。そういう書き振りになっている。

❖個別事情への対応は「社会全体」のお役目

(2)から(5)は、いずれも個別性の強い対策だ。個々の人々や世帯が抱えている事情をきめ細かく把握して対応する必要がある。公助嫌いの奸佞首相はそういうことにカネと手間暇をかけたくない。マキャベリ先生はカネは大盤振る舞いよりも小出しの方がありがたみが増すと言っている。愛されるより、恐れられろとも言っている。**弱者の個別事情に寄り添うような対応は先生のお眼鏡に適わない。だから、「いやいや」**。

とはいえ、今は現代で、日本は一応福祉国家だ。さすがに15～16世紀的な君主論に徹するわけにはいかない。だから、個別性の強いアイテムには、これまた、あの手この手で尾ひれを付けてそっと出す。

（2）の就職氷河期世代への対応については、「同一労働同一賃金など働き方改革を進めるとともに」という枕詞をつけた。これがいかにも座りが悪い。やはり、文章内の文脈が判然としない。意図的なのだと思う。就職氷河期世代への個別対応としての色彩にぼかしを入れようとしている。

（3）から（5）の書き振りが、これまた面白い。

（3）では、「障害や難病のある方々が、仕事でも、地域でも、その個性を発揮して活躍できる社会をつくってまいります」と言っている。ポイントは「社会をつくってまいります」だ。政府が対応するとは言っていない。政策の仕事を「社会」に丸投げしている。公助側から共助側に追いやっているのである。

（4）の児童虐待対応は「**児童相談所や市町村**」に体制を強化して当たってもらうのだという。

（5）の「子どもの貧困対策」にいたっては「**社会全体で取り組みます**」と来た。公助は責任を持たないと言わんばかりだ。

❖「不在項目」たちが語るスカノミクスの真相

最後にショッピングリストの「**不在項目**」について考えておく。奸佞首相の二つの演説には、出てこない言葉がある。それは、「**格差**」・「**貧困**」・「**弱者**」である。「貧困」は、前出の「子どもの貧困対策」という形で1回だけ所信表明に出てくる。ただ、これも既述の通り「社会全体で取り組む」という突き放した形での出方だ。**格差と弱者はいずれの演説にも全く出てこない。**

人類がコロナの襲来を受けている今、その中で最も深刻な窮地に陥っているのが、経済社会的弱者たちだ。貧困世帯。長期失業者。非正規雇用者。障害者。様々な弱者たちが常にも増して苦しんでいる。この状況下で政策の最高責任者に就任したのであるから、彼らを救済するための施策に力の限り取り組んで然るべきだ。ところが権力の絶対化を目指す奸佞首相は、彼らに目を向けない。彼らに言及さえしない。

格差と貧困と弱者に目を向け、これらのテーマについて語るということは、おのずと公助を語ることにつながる。だから、スカノミクスはこれらについて見ざる言わざるを決め込む。だが、これはとうてい許されることではない。**今の日本の経済社会の最大の問題は、「豊かさの中の貧困」であり、「豊かさの中の格差」であり、「豊かさの中の弱者切り捨て」**だ。

今の日本は、個人金融資産が１９００兆円に達するという豊かさの極みに達している国だ。だが、今の日本はこの大いなる富の分かち合いが下手クソだ。こんなに豊かなのに、この豊かさのただ中にいながら、６人に１人の子どもがお腹一杯ご飯を食べられない状態で日々を生きているのである。「子どもの貧困対策」を政策が「社会全体」に丸投げしていて許されるはずがない。

「豊かさの中の貧困と格差と弱者切り捨て」を是正するために必要なのが、分配政策だ。**今の日本に必要なのは、成長のためのグリーン化でも、成長のためのガバナンス改革でもない。この大いなる豊かさの再分配だ。そのための税制改革や社会保障改革である。**

ところが、スカノミクスのショッピングリストのもう一つの不在項目が、まさしく、分配政策なのである。**おどろくべきことに、妍倭首相の所信表明の中にも、施政方針の中にも、「分配」という言葉は登場しない。**「いやいや」項目的な形でさえ、出てこない。さすがは「自助ファースト」男だ。**彼の辞書に「分配」の2文字は無い。**

スカノミクスのショッピングリストを徹底点検していたら、少々、気分が悪くなってきた。胸やけがする。そこで、次章では、経済政策の本来のあるべき姿について考えることとしたい。アホでもスカでもないエコノミクスとは、どういうものか。それを再確認したいのである。そうすることで、少しは爽快感を取り戻したいと思う。もっとも、その上で、スカノミクスがまともな経済政策からいかに遠くにあるかをみることになる。だから、やっぱり、最終的にはまた胸やけ状態に戻ることになりそうだ。どうぞ、ご覚悟を。

第4章
スカノミクスを清く正しいエコノミクスと比較する

1 経済活動は誰のため、何のため

❖経済活動とは何か

アホでもスカでもなく、清く正しい経済政策とは、いかなるものか。その使命は何か。その使命は何によって規定されているのか。本章で、これらのことについて整理しておきたい。

そのためには、まず、経済活動とはそもそも何かということを確認しておかなければならない。経済とは、結局カネの話だ。経済は、我々の日常生活とはかけ離れたところで動いている。こんな風にお考えの方は少なくないだろう。縁遠いから経済は苦手。筆者に対してそのようにおっしゃる方も多い。経済学は数学だ。この通念もかなり定着してしまっている。

こんな風になってしまっていることについては、経済学者やエコノミストたちの責任が大きい。小難しいことを言い過ぎる。数式に頼り過ぎる。自然科学コンプレックスが強過ぎる。数値化できないものは科学じゃない。定量分析がしっかりできなければ話にならない。このように言われるのが怖くて、経済を物語ることを嫌がる。経済を調査研究対象とする人々がこんな調子では、多くの皆さんが経済を敬遠するのも当然だ。経済は難しい。難しいから解らない。解らないから、つまらない。このように思われても、致し方ない。

致し方ないが、これはやっぱり誤りだ。経済が人間にとって難しくて、解らなくて、つまらないはずはない。なぜなら、経済活動は人間の営みだ。我々人間は、多くの他の生き物たちと多くの生態や感性を共有している。喜怒哀楽がある。家族を大事にする。おいしい物をたくさん飲み食いしたい。楽しく遊びたい。恋をする。喧嘩《けんか》をする。これらのことにおいて、お猿さんも、犬さんも、猫さんも、人さんも、同じだ。だが、こと経済活動に関する限り、この営みに携わるのは人間だけである。経済活動は、人間に全く固有の営みなのである。

人間による人間のための人間だけの営み。それが経済活動だ。この意味するところは何か。それは、**経済活動は人間を幸せにできなければならない**ということだ。人間が人間のために行う営みが人間を不幸にするというのは、まったく理屈に合わない。生きとし生ける全てのものは、自分たちを不幸せな状態に追い込むような営みに敢えて携わるということをしない。それをするということは、生き物が生き物であるということと矛盾する。

かくして、経済活動が経済活動であるため、その名に値するためには、経済活動は常に人間に幸福をもたらさなければいけない。これが大鉄則だ。

そんなのウソだ。そう抗議されたい方々がたくさんおいでになりそうだ。経済的な動機、つまりカネに関わる動機が前面に出れば出るほど、人間は後景に退くことを強いられるじゃないか。舞台の端っこに追いやられるじゃないか。経済効率が追求されればされるほど、人間はこき使われて辛い思いをするばかりじゃないか。そうおっしゃりたい方は多いだろう。善良な市民感覚をお持ちの方であればあるほど、そうおっしゃりたくなるだろう。

お気持ちは解る。だが、これは誤解だ。いや、誤解は失礼な言い方だ。善良な市民の皆さんが誤解されているのではない。実は経済活動ではない営みが、経済活動の振りをしてまかり通っているのである。経済活動ではないものが経済活動に偽装しているのだ。それらの偽の経済活動は、確かに、人間を不幸にする。偽物だから、人間を幸せにできないのである。だが、それらの偽物が真の経済活動だと思い込まされてしまえば、経済活動は人間を不幸にするという認識に到達してしまう。この罠《わな》に落ちてはいけない。

❖経済合理性とは何か

我々は真の経済活動と偽物の経済活動をしっかり見分けることができなければならない。そして、それは決して難しいことではない。ある営みが人間を不幸にしていれば、その営みは経済活動ではない。たとえ、いかに巧妙に経済活動に化けていても、人間を幸せにできていなければ、それは経済活動ではない。シンプルな話だ。

このシンプルな基準に照らして考えれば、例えば「ブラック企業」などというものは存在しない。なぜなら、企業経営は経済活動だ。だから、企業経営は人間を不幸にしてはいけない。ところが、ブラック企業は労働者を不幸にする。下請け企業を不幸にする。サプライヤーを不幸にする。お客様を不幸にする。したがって、彼らは企業ではない。彼らを「ブラック企業」と呼んではいけない。単に「ブラック！」と吐き捨てるように呼べばよろしい。

これらのこととの関わりで、とても重要なことが一つある。それは、「経済合理性」という言葉の意味を正しく理解することである。ある事象や選択が経済合理性に適うといえば、それは、その事象や選択が経済の観点からみて合理的だということを意味する。

さてそこで、例えば、誰かに次のように言われたとする。

「皆さん、原発がお嫌いなのは解りますよ。脱原発運動を展開されるお気持ちも解ります。でも、原発抜きで日本経済は回りませんよ。経済合理性の観点から考えれば、日本経済にとって原発は必需品なんです」

はたまた、

「ブラック企業は、社会的には糾弾されるべきだ。だが、経済合理性という意味では、彼らのやり方にも一理ある」

こんなことを言う輩《やから》に決して言いくるめられてはいけない。それどころか、むしろ、彼らを叱り飛ばしてやらなければいけない。「あんたは経済合理性という言葉の意味が解っていない」とお説教してやらなければいけない。

経済合理性に適うための最も本源的な要件は、基本的人権を侵害しないこと、基本的人権の守護神であり得ることだ。なぜなら、経済活動は人間を不幸せにしてはならないからである。そして、基本的人権を侵害されることほど、人間にとって不幸なことはない。だから、経済的観点からみて合理的であるためには、基本的人権を脅かす側面が微塵もあってはならないのである。

この点を押さえた上で、先の二つの「経済合理性論」を振り返ってみればどうか。

原発は経済合理性の観点からみて必需品か。そんなことは全くない。原発がいかに危険なものであるかを、我々は繰り返し思い知らされてきた。アメリカのスリーマイル島事件によって。チェルノブイリ原発事故によって。そして、東日本大震災時の福島第一原発メルトダウンを目の当たりにして。原発は人の命を脅かす。これは究極の基本的人権侵害だ。生存権は基本的人権の最も基盤的部分を構成している。原発には、この人権の基盤部分を突き崩す危険性が内在している。そのようなものに経済合理性はない。

「ブラック企業」を企業扱いしてはならない。ブラック組織もまた、人の生存権を脅かす。彼らにこき使われる労働者は過労死の危険にさらされる。彼らにいじめられる下請け業者やサプライヤーたちは、経営が行き詰まって一家心中を余儀なくされるかもしれない。彼らから偽装食品や不良医薬品などを売りつけられる人々は、事実上の毒殺の危機にさらされる。このようなとてつもない人権侵害の懸念を内に秘めたやり方に、経済合理性はかけらもない。

❖経済活動と涙の関係

経済活動が基本的人権の守護神たり得るために必要なものは何か。それは涙だと筆者は思う。人が他者のために流す涙だ。もらい泣きの涙である。

もらい泣きには、2種類ある。

感動のもらい泣きと共痛のもらい泣きである。感動のもらい泣きで流す涙は、他者の歓喜を分かち合う時に流す涙だ。共痛のもらい泣きで流す涙は、他者の痛みに思いを馳せる時に流す涙だ。共痛という言葉は辞書にはない。筆者の造語だ。「共に痛む」の意だとご理解いただければ幸いである。

真の経済活動を営み、経済活動を基本的人権の守護神たらしめることができるのはどのような人々か。その人々には、共痛のもらい泣きができる力が備わっていなければいけないのだと思う。他者の痛みが解らない人々には、基本的人権は守れない。

ところで、この共痛のもらい泣き力というイメージは、ある古典的書物にインスピレーションを得て形成したものである。決して筆者の独善的勝手解釈ではない。その書物は『道徳感情論』だ。経済学の生みの親として位置づけられているアダム・スミスの著作である。スミスの代表作として幅広く知られているのは、『国富論』だ。だが、その論理的基盤となっているのは、『道徳感情論』なのである。その中で、スミス先生は、「全ての人間が共感力を有している」と言っている。他者の身になって考える。他者の事情を慮《おもんぱか》る。それができるのが人間だ。『道徳感情論』の中で、スミス先生はこのように宣言している。

ここが前提になっているからこそ、先生は『国富論』の中で、かの有名な「見えざる手」という概念を持ち出しているのである。個々人がその欲するところをそれぞれ別個に追求していても、あたかも「見えざる手」に導かれているかのごとく、社会全体として良き方向に向かう。これが「見えざる手」論の考え方である。

このことをもって、スミス先生が新自由主義の旗手であり、市場至上主義者であることの証左だ、と思われている方は少なくない。だが、これは違う。「見えざる手」の背後には、先生が『道徳感情論』の中で提示した万人共通の共感力がある。人は他者に共感できる。他者の事情に思いを馳せて、自らの行動を律する。だから、放っておいても、良き方向に向かう。スミス先生はそう主張しているのである。

共感力があるということは、我が身を他者の立場においてものを考えることができるということだ。そのような人は、間違いなく、共痛のもらい泣きができる。共痛のもらい泣きの涙を流せる人々は、他者の基本的人権を侵害しない。だから、真の経済活動を営むことができる。

❖経済はドラマだ

経済活動は人間の営みだ。だから、経済活動は人間を幸せにできなければいけない。人間にとって、究極の不幸は基本的人権を侵害されることだ。だから、人権侵害の危険性を内包した経済活動は真の経済活動ではない。真の経済活動は共感性を有する人間たちの営みだ。共感性を有する人々には、共痛のもらい泣きができる。他者の痛みを我が痛みと受け止めて涙する。経済活動はそのような人々の営みだ。

ここまで認識を共有させていただいたところで、改めて「経済は難しい、解らない、つまらない」論に立ち返っておこう。人間の営みである経済活動が、人間にとって難しいわけがない。難しくないものは解らなくない。

人間の営みである経済活動は、結局のところ、人間ドラマだ。様々な経済的やり取りを通じて人々が出会い、関わり合いを持ち、役割を演じる。時には舞台中央に躍り出る。時には名脇役を演じる。こうして経済ドラマが出来上がっていく。喜劇だったり、悲劇だったり、ミステリーだったり、お化けが出たり。**人間たちが、その経済活動を通じて紡ぎ出す多種多様な物語がつまらないわけがない。**

経済ドラマの筋書きを見抜き、その謎を解くのが、エコノミストたる筆者の仕事だ。これはどんなドラマなのか。次に何が起こるのか。悪役は誰か。ヒーローは誰か。誰が誰を騙そうとしているのか。誰が誰を助けようとしているのか。真の経済活動の清く正しき担い手たちはどこにいるのか。それを探し当てる。偽の経済活動の悪しき担い手たちはどこに隠れているのか。彼らをいぶり出す。これらのことが、筆者が果たすべき役割だ。こんなに面白いことはない。

2 清く正しい経済政策の使命

❖成長は究極の命題にあらず

前節で真の経済活動の本質を見極め、その偽りの経済活動との違いを見定めた。それを踏まえて、いよいよ、経済政策は何をするためにあるのか、その使命は何なのか、なぜ、それらが経済政策の使命なのかというテーマと本格的に向き合っていきたい。

経済政策とは、経済を成長させることだ。そのように思われる方々は少なくないだろう。アホノミクスの大将やスカノミクス親爺の話ばかり聞いていると、すっかりそう思い込んでしまうこと、請け合いだ。だが、それは違う。大いに違う。**経済活動は、むや**

みやたらと成長させればいいというわけではない。経済成長とは、すなわち、経済活動の規模が大きくなることだ。経済活動の規模がひたすら大きくなり続けるというのは、実は恐ろしいことだ。それをやり過ぎてきたから、地球環境への負荷が上がり過ぎ、異常気象や大災害が発生するようになっている。前述の通り、地球経済が地球からはみ出しつつあるのだ。

こうしてみれば、何が何でも経済成長を追求することは愚かだ。いついかなる場合においても、経済政策はより高い経済成長を目指さなければいけないというわけではない。だが、スカノミクスは、その重点項目をみれば、明らかに、その路線をひた走ろうとしている。これはいけない。これは危険だ。だが、絶対権力の確立が自己目的化している奸佞首相には、それが解らない。大きくて強い経済を確立することが全てだと考えている。

この思い込みが激しいから、分配という言葉が奸佞首相の辞書から抜け落ちる。

ちなみに、筆者は**経済活動は三角形**だと考えている。この三角形の三辺の設定の仕方は各種あるが、奸佞首相の思い込みを矯正する（それは無理だが）には、経済活動の三角形の三辺を**「成長・競争・分配」**と設定することが有効だ。

経済活動の三角形の成長と競争と分配の三辺は、状況によって重みが変わる。その経済がどのような経済なのかによって、三辺のいずれを重視すべきかが変わってくる。若い経済には、確かに成長することが必要だ。これから経済的離陸を果たそうとする生まれたての経済は大急ぎで大きくなっていかなければ、人々を養うことができない。人々のために職を用意することができない。そのような状態は人々を不幸にする。だから、若い経済は大急ぎで成長する必要がある。これから全てが始まろうという時、経済は成長を必要とする。

これまでの全てを失った経済も、成長を必要とする。戦後に焼け跡経済と化した日本がそのような経済だった。経済社会的インフラを大至急立て直さないと、せっかく平和が訪れたというのに、人々が餓死する。餓死は大いなる不幸だ。だから、あの時の日本の経済政策は成長に全力を傾けることが、まさしく経済合理性に適う選択だった。

だが、今日の日本経済は幼い離陸前夜の経済ではない。これから全てが始まろうとする経済ではない。これまでの全てを失った経済でもない。焼け跡経済ではない。今の日本経済は「豊かさの中の貧困」の経済だ。だから、**今の日本の経済三角形において、最も強化を必要としているのが分配の辺だ。**それなのに、妍佞首相が経済運営を語る時、そこに分配への言及は出て来ない。そもそも、スカノミクス用語辞典に掲載されていない言葉なのだから、出て来るわけがない。

❖使命と手段は違う

成長が経済政策の究極目標でないのと同様、**競争力強化とか生産性向上とか、技術革新など、スカノミクス好みの命題も、**経済政策の使命ではない。これらのことと、経済政策の使命は次元が違う。ここは、重要なところだ。経済政策がその使命を果たすために、経済成長を促進することが求められる局面なら、それをすればいい。経済政策の使命達成に資するなら、競争力強化を目指すことは結構だ。労働生産性の引き上げ策を講じることも、そのことがその局面における経済政策の使命達成をもたらすなら、正しい選択だ。

要は成長も競争力強化も生産性引き上げもイノベーションも、経済政策がその使命を果たすための手段に過ぎない。経済政策の使命はいつも不変だ。だが、局面によって、この不変の使命を果たすために選択すべき手段は変わる。今この時、不変の使命を果たすためには、どのようなツールを選べばいいのか。清く正しく、善き政策責任者は、そのように考えなければならない。**何が何でも経済成長を不変の目標に掲げ続けたりするのは、清く正しく善き政策責任者のやることではない。**それは、経済政策の使命とは別の下心に基づいて、経済政策そのものを手段化しようとしている人々がやることだ。

アホノミクスの大将は、21世紀版大日本帝国を構築するという下心を抱いていた。「戦後レジームからの脱却」が彼の究極の政治目標だった。戦後が嫌だというなら、行けるところは戦前しかない。つまり、アホノミクスの大将は、我々を戦前の世界に引きずり戻そうとしていた。大日本帝国再びを狙っていた。だからこそ、あれだけ改憲に固執していた。そして、21世紀版大日本帝国のための強くて大きな経済基盤づくりをアホノミクスに託した。

スカノミクス親爺である奸佞首相の下心は、強権の絶対化と絶大化だ。それが確立できるのであれば、大日本帝国だろうと何だろうと構わない。下心達成に向けて実利と実効性があると思われることなら、何でもやる。この人の経済運営に使命感はない。

❖清く正しい経済政策の二つの使命

以上の部分を書き進んでいたら、またもや、少々胸やけがしてきた。そろそろ、清く正しい経済政策の使命を語り始めた方がいい。善き政策責任者によって運営される経済政策には、二つの使命がある。

使命その一が、経済活動の均衡の保持と回復だ。その二が弱者救済である。両者は表裏一体だ。不可分の関係にある。より正確に言えば、使命その二があるから、使命その一がある。

経済活動は、均衡が保持されていることが実に重要だ。バランスが取れていなければならない。なぜなら、経済活動が均衡を失い、バランスが崩れると、人々が不幸になるからだ。前節で縷々《るる》申し上げた通り、経済活動は人間を幸せにできなければならない。ところが、経済が均衡を失うと、人間は不幸になる。つまり、経済活動が経済活動でなくなってしまう。このような事態は絶対的に避けなければならない。だから、経済政策の使命その一が均衡の保持と回復なのである。

経済活動が均衡を失う時、最もたちどころに、そして最も手痛く不幸を味わうのが、弱者たちだ。彼らの生活は、経済活動のバランスが崩れるとただちに直撃を食らう。彼らが不幸の渦中に落下することを食い止めるためにこそ、経済活動の崩れた均衡は速やかに復元しなければならないのである。

経済活動の均衡が崩れるとは、どういうことか。それは、経済が極端にインフレ化したりデフレ化したりすることを意味する。ざっくり言えば、そう考えていただいていい。経済がインフレ化すれば、物価がどんどん上がる。生活物資の値段がどんどん舞い上がっていってしまえば、弱者の生活はあっという間に行き詰まる。生活が行き詰まれば、とどのつまりは、生命の危機にさらされる。生存権が脅かされる。経済活動が経済活動でなくなる。これには歯止めをかけなければならない。だから、経済政策は均衡回復に全身全霊を傾けなければならない。

経済がデフレ化する時にも、同様だ。デフレ下では、物価が下がる。物価が下がるということは、賃金も下がることを意味している。賃金が下がれば、やっぱり、弱者たちの生活は行き詰まる。デフレ下では、賃金低下で止まればまだマシだ。失業してしまうかもしれない。そうすれば、生活は直ちに行き詰まる。かくして、デフレ型の経済均衡の崩れ方もまた、弱者の命を危険にさらす。

経済の均衡が崩れると、たちどころに弱者が直撃されるというこの状況を、今、我々は実に生々しく目の当たりにしている。コロナの猛威が吹き荒れる中、弱者たちは職を失い、収入が途絶え、困窮している。経済政策の二つの使命について、筆者は随分以前からここで書いたことを主張してきた。しかし、ここまで生々しく、この主張が裏づけられる場面に遭遇するとは考えていなかった。実に恐ろしい。

だからこそ、成長最優先だ。だからこそGo To トラベルだ。奸佞首相がそう言いそうだ。だが、そうではない。**今は奸佞首相が大嫌いな個別性をきめ細かくチェックしつつ、成長貢献的かどうかを度外視して、弱者救済に全力を傾けるべき時だ。**グリーン成長戦略だの、成長のためのコーポレートガバナンス改革だのと熱狂している場合ではない。今は、惜しみ無き公助に徹すべき場面だ。

3

善き政策責任者vs.奸佞首相

❖善き政策責任者に必要なもの

清く正しい経済政策は、均衡の保持・回復と弱者救済を追求する。この清く正しい経済政策を担う善き政策責任者に必要なものは何か。必要なものが、ひとまず三つある。実は必要なものがもう一つあるのだが、それについては後述する。まずは三つの方に注目する。**その三つは目と耳と手だ。**筆者はそう考えている。

善き政策責任者が保有すべき目は、どんな目か。それは、**涙する目**だ。

善き政策責任者の涙する目がたたえているのは、前述の共痛のもらい泣きの涙だ。自分たちが救済すべき弱者たちは、どんな痛みを抱えているのか。どんな苦しみを苦しんでいるのか。どんな不均衡の是正を欲しているのか。そのことに思いを馳せて、共痛のもらい泣きの涙を流す。それができる目をもつ人でなければ、清く正しい経済政策の善き担い手にはなれない。他者の痛みをまさしく痛感する感性なき者たちに、他者の痛みを取り除くことはできない。

善き政策責任者が持つべき耳は、**傾ける耳**だ。傾聴できる耳である。救いを求める声をどこで誰が上げているのか。その声はどんな声なのか。何を求めているのか。これらのことを正確に聞き取れる耳が求められる。聞き漏らしや聞き間違いがあってはいけない。どんなに微《かす》かな叫びでも、どんなに弱々しい声でも、聴き取ることができる。忍耐強く聴き入り続けることができる。そのような感度の高い耳、畏《かしこ》き耳。それが、善き政策責任者に求められる耳だ。

善き政策責任者が持つべき手は、**差し伸べる手**だ。救済を求めて、必死で振りかざされる弱者たちの手をしっかりつかみ、苦しみの沼から引き上げる。そのために力強く差し伸べる手。そうした手の持ち主でなければならない。そして、彼らの手は惜しげなく、惜しみなく、無差別的に差し伸べられなければならない。出し惜しみをする手ではいけない。えこひいきをする手であってはならない。取捨選択する手であってはならない。まず、自助・共助をやっているか否かで扱いを変えるような手であってはならない。

これらの目と耳と手をしっかり揃えた上で、善き政策責任者には、前述の通り、さらに必要なものがもう一つある。それは、**「魚と蛇をとり違えない」感性**である。

「魚と蛇を取り違えない」は聖書の教えだ。新約聖書の中の「ルカによる福音書」にイエス・キリストの次の言葉がある。

「あなたがたの中に、魚を欲しがる子供に、魚の代わりに蛇を与える父親がいるだろうか。また、卵を欲しがるのに、さそりを与える父親がいるだろうか」
（「ルカによる福音書」11・11〜12 新共同訳）

何たる愚問だと思われるかもしれない。
だが、当時の中東世界の河川には、蛇的な形状の魚がいた。鰻《うなぎ》や鱧《はも》のイメージだ。それらと間違えて、子どもに蛇を与えてしまう危険性は現実的なものだった。また、当時の砂漠には、くるりと丸まってしまうと卵そっくりになるさそりがいた。そこにも、見間違えの危険は大いに存在したのである。

善き政策責任者は、これらの取り違いをしてはならない。見当違いの共痛のもらい泣きをしてはならない。共に痛むべき痛みを正確に感じ取らなければいけない。傾聴する耳は、語られていない物語を勝手に聞き取ってはならない。差し伸べる手は、正しい方向に、正しい援助の道具立てとともに差し伸べる手でなければならない。必要とされていない手をいくら差し伸べられても、弱者は困惑し、いら立つばかりだ。

このような助けが求められているに違いない。そうした思い込みに駆り立てられて突っ走ることのないよう、善き政策責任者は、常に慎重でなければならない。魚と蛇を見分けることは、実はそう簡単ではない。さそりがどう見ても卵にしかみえないこともある。それを肝に銘じておくことが、清く正しい経済政策の実施につながる。

❖奸佞首相の目と耳と手

善き政策責任者は、涙する目と傾ける耳と差し伸べる手を持っている。そして、魚と蛇を取り違えない。下心の政策責任者である奸佞首相はどうだろう。彼の目と耳と手はどのような目と耳と手か。彼には魚と蛇を見分けることができるのだろうか。

奸佞首相の目と耳と手は、どうも2セットあるように思う。セットその1が、スカノミクス親爺の目と耳と手だ。セットその2がマキャベリの弟子の目と耳と手である。

スカノミクス・セットの方からいこう。こちらのセットの目は、**「見て見ぬ振りの目」**だ。弱者の痛みは見えなかったことにする。格差と貧困には目を向けない。分配政策を必要としている「豊かさの中の貧困」は視野に入れないことにする。これらのことは眼中になし。そういう構えに徹するのがスカノミクス親爺の目だ。

スカノミクス・セットの耳は、**「聞く耳もたずの耳」**だ。弱者の声は聞こえない。自助力無きものの訴えには耳を傾けない。自分の意に沿わない意見は聞き捨てる。気に食わないことが耳に入ってこようとすると、**「指摘は当たらない」**とブロックしてしまう。器用に閉じたり開けたりできる扉付きの耳。それがスカノミクス親爺の耳だ。

スカノミクス・セットの手は、**「切り捨てる手」**だ。公助を求めて伸びてくる手は振り払う。「自分はここにいる、助けて」と振り上げられた手には背を向ける。「なんとかして」と、ちぎれんばかりに振られている手は踏みにじる。それがスカノミクス親爺の手だ。

マキャベリの弟子の目と耳と手は、どんな組み合わせになっているか。

その目は**監視する目**だ。それしか考えられない。自分に異論を唱える者はどこにいるか。異動させるべき者はどこのどいつか。自分のふところに取り込むべき自助力ある者たちをどこに求めるべきか。人々の個人情報の中に、権力基盤強化に役立つ何を見出すべきか。デジタル庁に集約したデータから何を読み取るか。これらのことを凝視する監視の目。それがマキャベリの弟子の目だ。

マキャベリ・セットの耳はどうか。マキャベリの弟子の耳はどんな耳？　それは、明らかに**盗聴する耳**だろう。どこで誰が自分の悪口を言っているのか。誰がどんな陰謀を企んでいるのか。自分に対するどんな批判の声が上がっているのか。マキャベリ流に敵味方を徹底仕分けした上で、敵たちの会話を徹底的に盗み聞きする。聞き捨てならない会話をしている者たちは、徹底排除する。そこに向けて聞き耳を立てる。それがマキャベリの弟子の耳である。

マキャベリの弟子の手は、**おびき寄せる手**だ。役に立ちそうな者どもを、あの手この手で自分の手元に引き寄せる。携帯電話の料金値下げ圧力を振りかざしながら、談合の構図の中で、ハイテク世界の「越後屋」たちを奥の院に引っ張り込む。それがマキャベリの弟子の手だ。

これら2セットの目と耳と手は、実にタチの悪い代物だ。つくづく、そう思う。この2組の目と耳と手に、我々はよくよく注意しておかなければならない。これら2組の目と耳と手は、清く正しい経済政策の善き政策責任者たちの目と耳と手から、あまりにも遠いところにある。

スカノミクス親爺の見て見ぬ振りの目と聞く耳持たずの耳と切り捨てる手に、自助力無き者たちをいじめさせてはならない。マキャベリの弟子の監視する目と盗聴する耳とおびき寄せる手による弾圧を許してはならない。決して許してはならない。

善き政策責任者vs.奸佞首相の綱引きは、必ずや善き政策責任者の勝利に終わらなければならない。そして、必ずやそうなるだろう。なぜなら、第1章の末尾で見た通り、奸佞首相は闇の中だ。彼には、目の前にある光がみえない。それに対して、光の子たちには、闇の正体がよくみえる。筆者が自分を光の子に位置づけるのはいかにも僭越《せんえつ》だ。とんでもない話である。だが少なくとも、光の側についていることは間違いない。だからこそ、光に導かれて、本書の旅は、奸佞首相の奸佞的本質をかなり発見できたと思う。

正体がみえたものはやっつけることができる。「幽霊の正体見たり枯れ尾花」だ。心を強くもって、打倒スカノミクスの道を邁進することとする。

終章

スカノミクスから真の共助・共生の世界へ

1 共生と共存は違う

打倒スカノミクスなりし後、我々はどんな経済社会を目指すべきだろう。あれこれ考える中で、それは「真の共助」の世界なのではないかと思えてきた。

思えば、奸佞首相が言う共助は、真の共助ではない。彼が言う共助は、「自分たちで何とかしろ」という自己責任論の延長上にある共助だ。要は、我々を公助の世界に踏み込ませないための防護壁としての共助なのである。

もとより、真の共助はそのような胡散臭《うさん》いものではない。**真の共助が成り立つためには、条件がある。それは、そこに真の共生があることだ。**

真の共生とは何か。これを考える時に重要なのが、共生と共存は違うということである。共に存在しているからといって、ともに生きているとは限らない。この両者は、それ自体としては全く別物だ。共存を共存のままほったらかしにしていても、共生が生まれ出て来るという保証はない。共生には意志が必要だ。共生には愛がなければならない。互いに愛し合う。それがなければ、どんなに長く、どんなに密着的に共存していても、共生には至らない。

お隣さんとどんなに長年にわたって共存していても、それだけでは共生には至らない。塀越しにしかお互いを眺めず、せいぜい時候の挨拶程度の会話しかしていないのであれば、そこに共生はない。

異民族同士が、同じ空間の中で共存していても、そこに共生があるとは限らない。お互いに不信感に満ちた目でしか見つめ合っていない。お互いに背を向けて、自分たちの共同体に閉じこもっている。そのような状況であれば、そこにあるのは、共生どころか、分断と排除だ。

真の共生が成り立っている時、そこに生まれる真の共助は限りなく公助に近い。誰もが助けてもらえる。誰にも助けてもらう権利がある。自助力があろうとなかろうと、「助けるに値する人材」であろうとなかろうと、属性を問われず、特性をとやかく言われず、当たり前のこととして、誰もが公助の対象となる。そのような「真の公助」は真の共助の延長上におのずと出現してくる。そのはずだ。

2

真の共生の世界はいずこに?

真の共助を生み出すことのできる真の共生の世界とはどのような世界か。その世界はどこにあるのか。

その世界もまた、聖書の中にある。次の通りだ。

「狼は子羊と共に宿り
豹は子山羊と共に伏す。
子牛は若獅子と共に育ち
小さい子供がそれらを導く。

牛も熊も共に草をはみ
その子らは共に伏し
獅子も牛もひとしく干し草を食らう。
乳飲み子は毒蛇の穴に戯れ
幼子は蝮《まむし》の巣に手を入れる。
わたしの聖なる山においては
何ものも害を加えず、滅ぼすこともない」

（「イザヤ書」11・6〜9 新共同訳）

子羊にとって、本来、狼は最も恐るべき存在だ。その気配を察知したら、本来であれば逃げまどわなければならない。だが、その両者がともに宿る。子牛もまた、若獅子からは必死で逃げなければならない。だが、真の共生の世界においては、彼らは共に育つのである。幼なじみとなるのである。

さらに驚くべきことに、この真の共生の世界においては、乳飲み子が毒蛇が潜む穴に平気で駆け込んでいく。そこで毒蛇と遊ぶのである。きゃっきゃと盛り上がる乳飲み子と毒蛇の姿が目に見える。この時、毒蛇はどんなに優しい表情をしていることだろう。乳飲み子はどんなに嬉しそうに笑い声を上げていることだろう。

この真の共生の世界では、何らためらうことなく、幼子が蝮の巣にぐいと手を突っ込む。幼子の掌中で、蝮はどんなに楽し気にくねくねすることだろう。

この真の共生の世界においては、「何ものも害を加えず、滅ぼすこともない」。これぞ、全《まった》き共助の世界だ。共に生き、共に助け合う。誰もが、誰とも助け合う。誰もが、誰に対しても助けを求めることができる。そして、求められた助けは、ためらいなく与えられる。誰からも、誰に対しても。この時、共助はおのずと公助化する。

そこにあるのは、間違いなく、共痛のもらい泣きの世界だ。共に草をはむ牛と熊には、お互いの痛みがよく解る。彼らには、共痛のもらい泣きの涙を流し合うことができる。

そこにあるのは、間違いなく本当の絆だ。奸佞首相がパネルに書いた得体の知れない絆ではない。

ちなみに、2009年の民主党政権発足時に、当時の鳩山由紀夫首相が行った「所信表明演説」（これは雑談ではなかった。平田オリザという名スピーチライターを得た成果だ）にも、絆が登場する。

この絆は、かのアルベルト・アインシュタインの「人は他人のために存在する。（中略）共感という絆で結ばれている無数にいる見知らぬ人たちのために」という言葉に依拠している。アインシュタイン先生もまた、共痛のもらい泣きができる人だったのである。

「人は他人のために存在する」というアインシュタイン先生の言葉は素晴らしい。人々が共感という絆で結ばれているという認識は、アダム・スミス先生の『道徳感情論』に直結する感性に基づいている。スミス先生もアインシュタイン先生も、狼と子羊が共に生きる世界を知っている。

何とか、奸佞首相にも、この真の共生と真の共助の世界を知ってもらいたいものだ。その存在を教えてあげたいものだ。我々は忘れてはならない。真の共生の世界においては、奸佞首相にも公助を受ける権利がある。真の共生の世界に生きる我々は、求められれば、躊躇《ちゅうちょ》なく、奸佞首相に手を差し伸べなくてはならない。求められなくても、危なっかしいところに踏み込みそうになっていれば、手を差し伸べなくてはならない。

それはとてつもなく難しいことだ！　あの人の目と耳と手を思い浮かべれば、ひたすら遠ざかりたくなるばかりで、手を差し伸べるエネルギーはなかなか出てこない。だが我々にはそれができる。光チームの我々は、暗闇チームにだって優しくあれる。それこそが光チームの決定的な勝因だ。真の共生の世界に向かって歩みだそう。いざ！

令和三年 三月吉日

浜 矩子

謝辞

真の共生の世界に向かって歩み出すに当たっては、一つの謝意を表明しておかなければならない。本書の編集に当たっていただいた青春出版社の村松基宏さんに対してである。過去に幻に終わった企画があるにもかかわらず、本書の企画に並々ならぬ熱意をもってご対応いただいた。

お蔭様で、奸佞首相の権謀術数とその産物であるスカノミクスに深く分け入って腑分けを試みることができた。なかなか怖い腑分けだったが、それだけに発見に満ちていたと思う。読者の皆さんにご同感いただけるようであれば、それは、一重に名編集者のお蔭である。ひたすら深謝。

本書は青春新書インテリジェンスのために書き下ろされたものです

青春新書
INTELLIGENCE

こころ涌き立つ「知」の冒険

いまを生きる

"青春新書"は昭和三一年に――若い日に常にあなたの心の友として、その糧となり実になる多様な知恵が、生きる指標として勇気と力になり、すぐに役立つ――をモットーに創刊された。

そして昭和三八年、新しい時代の気運の中で、新書"プレイブックス"にその役目のバトンを渡した。「人生を自由自在に活動《プレイ》する」のキャッチコピーのもと――すべてのうっ積を吹きとばし、自由闊達な活動力を培養し、勇気と自信を生み出す最も楽しいシリーズ――となった。

いまや、私たちはバブル経済崩壊後の混沌とした価値観のただ中にいる。その価値観は常に未曾有の変貌を見せ、社会は少子高齢化し、地球規模の環境問題等は解決の兆しを見せない。私たちはあらゆる不安と懐疑に対峙している。

本シリーズ"青春新書インテリジェンス"はまさに、この時代の欲求によってプレイブックスから分化・刊行された。それは即ち、「心の中に自らの青春の輝きを失わない旺盛な知力、活力への欲求」に他ならない。応えるべきキャッチコピーは「こころ涌き立つ"知"の冒険」である。

予測のつかない時代にあって、一人ひとりの足元を照らし出すシリーズでありたいと願う。青春出版社は本年創業五〇周年を迎えた。これはひとえに長年に亘る多くの読者の熱いご支持の賜物である。社員一同深く感謝し、より一層世の中に希望と勇気の明るい光を放つ書籍を出版すべく、鋭意志すものである。

平成一七年　　　　刊行者　小澤源太郎

著者紹介
浜　矩子〈はま　のりこ〉
1952年、東京都生まれ。一橋大学経済学部卒。三菱総合研究所初代英国駐在員事務所所長、同社政策・経済研究センター主席研究員などを経て、同志社大学大学院ビジネス研究科教授。エコノミスト。
近著に『統合欧州の危うい「いま」』(詩想社新書)、『「共に生きる」ための経済学』(平凡社新書)、『「通貨」の正体』(集英社新書)などがある。

"スカノミクス"に蝕《むしば》まれる
日本経済《にほんけいざい》

青春新書
INTELLIGENCE

2021年4月15日　第1刷
2021年6月10日　第2刷

著　者　浜《はま》　矩《のり》子《こ》

発行者　小澤源太郎

責任編集　株式会社プライム涌光
電話　編集部　03(3203)2850

発行所　東京都新宿区若松町12番1号 〒162-0056　株式会社青春出版社
電話　営業部　03(3207)1916　振替番号　00190-7-98602

印刷・中央精版印刷　製本・ナショナル製本

ISBN978-4-413-04617-6